EVOLUCIÓN DE UNA SOCIEDAD RURAL

CLAUDIO LOMNITZ-ADLER

EVOLUCIÓN DE UNA SOCIEDAD RURAL

MÉXICO, 1982

Primera edición, 1982

Planeación y producción: Dirección General de Publicaciones
y Bibliotecas, Secretaría de Educación Pública
Publicado por el Fondo de Cultura Económica

Coordinación: Gabriela Becerra

ISBN 968-16-1101-2

Impreso en México

PRÓLOGO

A MANERA de prólogo, y antes de introducir al lector en la materia de esta monografía, la pregunta de por qué emprender la tarea de escribir este trabajo debe ser enfrentada. Como lo indica el título, y lo corrobora el índice, este es un estudio sobre el poder y la política en un pueblo de México; concretamente, el de Tepoztlán. Pues bien, ¿por qué estudiar el poder social en Tepoztlán?

Sabemos que existen razones de peso para *no* emprender esta tarea. Tepoztlán ha sido una de las comunidades más estudiadas en la historia de las ciencias sociales. En 1926, el pueblo fue seleccionado por el antropólogo Robert Redfield para dilucidar el problema de la "aculturación"; en este caso, los cambios culturales que comenzaban a convertir a un pueblo "tradicional" en uno de cultura predominantemente urbana.[1] Posteriormente, en 1951 Oscar Lewis reestudió el poblado. El resultado fue una obra etnográfica de gran riqueza que intenta cubrir *todos* los aspectos de la vida en el

[1] Posteriormente Redfield denominaría a este proceso el cambio de una cultura "folk" a una "urbana". Tepoztlán estaba en una situación especialmente adecuada para un estudio sobre la influencia de la ciudad en el campo por ser a la vez un pueblo campesino "tradicional" y estar muy próximo al Distrito Federal.

pueblo, y que es, sin duda, la monografía más completa que se ha hecho sobre Tepoztlán hasta la fecha.

Desde entonces, se han venido haciendo estudios de menor magnitud aunque no de menor interés, entre los que se encuentran el de Ávila (1969) sobre desarrollo agrícola, el de Bock (1980) sobre el surgimiento de un nuevo barrio, y varios trabajos de licenciatura en distintos campos. ¿Es posible que un pueblo de apenas ocho mil habitantes amerite la atención de un antropólogo más?

Yo llegué a Tepoztlán no con el ánimo de contribuir con otro estudio a esta literatura, sino como integrante de un proyecto de la Universidad Autónoma Metropolitana, que tenía por objeto hacer un estudio *comparativo* de los sistemas de poder en nueve comunidades del estado de Morelos. Las metas inmediatas del trabajo de campo fueron: 1) describir la entrada de recursos energéticos a la comunidad; 2) ubicar a quién y a través de qué mecanismos se controlaban estos recursos, y 3) mostrar —a través de la postulación de una jerarquía de "niveles de integración"[2]— cómo Tepoztlán ha ido perdiendo el control sobre los recursos indispensables para su subsistencia.

Conforme iba reuniendo datos sobre el poder y la política local, la pobreza de enfoques antropológicos sobre estos temas críticos se fue haciendo evidente. La antropología norteamericana de la época de Redfield

[2] En ese entonces postulé los niveles de comunidad, región, estado de Morelos, y nación como los niveles más relevantes de la jerarquía; como se verá más adelante, he modificado esta perspectiva considerablemente.

o de Lewis no incorporaba adecuadamente el problema de la dominación y del poder en sus esquemas sobre la cultura. Esto me dio nuevos ánimos y nuevas justificaciones para continuar el trabajo de campo que duró un total de siete meses y que fue realizado en dos periodos separados: de mayo a septiembre de 1977, y de enero a mayo de 1978.

Dos años han pasado desde entonces, y he utilizado ese tiempo para proseguir mis estudios —sobre todo desde el escritorio— ampliando mis intereses y, también, haciendo nuevas incursiones en problemas relacionados con los asuntos de Tepoztlán. Ahora, ante la tarea de recomponer y reintegrar este material, mi preocupación central es contribuir a aclarar algunas de las viscosidades de nuestro mundo político. Al mismo tiempo, ya que la comunidad estudiada ha sido una fuente importante de debates antropológicos, el análisis del poder en Tepoztlán se convierte en un ejercicio significativo para la historia de la antropología. Ambas preocupaciones —el análisis de la política y la crítica a la antropología— me han llevado a encarar problemas complejos como el de las ideologías políticas, religiosas y de etnicidad en el contexto del desarrollo y la complejización de la estructura del poder en el poblado. Es en estos niveles donde se conjugan los problemas políticos más profundos y los asuntos antropológicos más polémicos.

En el transcurso del proyecto he recibido comentarios y ayuda de personas con quienes estoy particularmente endeudado: Roberto Varela, quien dirigió el trabajo de campo, base de este estudio, y cuyas ideas y dirección han influido importantemente en mi desarrollo como antropólogo; Rick Maddox, compañero y amigo, de cuyas observaciones han salido algunas de las ideas centrales que presento en esta monografía; y George Collier, quien me ha ayudado sustancialmente a revisar aspectos metodológicos y a enseñarme técnicas de análisis estadístico, además de la crítica constructiva con que contribuyó a la realización de este trabajo. Renato Rosaldo me ayudó en la desagradable tarea de organizar los capítulos del libro. Andrés Fábregas, José Lameiras, Michelle Rosaldo y Junji Koizumi han criticado distintas posiciones e ideas de este manuscrito. Larissa y Cinna Lomnitz, Elena Climent, Conald Donham y Arthur Wolf me animaron a completar este proyecto. Por último, estoy endeudado con aquellos ciudadanos tepoztecos que me brindaron su tiempo y confianza; espero que este estudio aporte algo al entendimiento de las realidades políticas locales y nacionales. Las deficiencias de este trabajo no deben atribuirse a falta de guías, sino a mis propias limitaciones.

INTRODUCCIÓN

Como a setenta kilómetros al sur del Distrito Federal, a unos quince minutos en coche de la supercarretera México-Cuernavaca, está ubicado el pueblo de Tepoztlán. El descenso desde la tierra fría en Tres Marías es rápido, y los cambios ecológicos —que reflejan la existencia de un sistema de microclimas —consecuencia de las distintas altitudes sobre el nivel del mar— son notables. A unos kilómetros de Tepoztlán los bosques de pino son sustituidos por un follaje más exuberante, que le da a la zona un aspecto cálido y subtropical.

A la entrada se van dibujando las casas de adobe, con sus tejas rojizas. Sus patios y entradas están cubiertos de enredaderas con flores anaranjadas y rojas; al centro de los patios crecen ciruelos enormes. Al fondo, la sierra del Tepozteco se presenta como un muro de color ocre, casi vertical. Las montañas bloquean cualquier concepto de horizonte, y están omnipresentes en la vida del pueblo.

Existe aún hoy, una rica tradición de cuentos y leyendas relacionados con las montañas, que son la cuna del Tepoztécatl, especie de deidad identificada con la Virgen de la Natividad, santa patrona de Tepoztlán. Sobre una de las peñas hay una pirámide que data de la época tolteca, dedicada a Ome Tochtli (dos conejo), uno de los numerosos dioses del pulque. Las mon-

11

tañas significan para el tepozteco la naturaleza que con el desarrollo social están desafiando, pero de cuya gracia en última instancia dependen: cuando el Tepoztécatl se ofende por las transformaciones que sufre en tierra, manda vientos que tumban árboles y tejas y, según algunos, amenaza con derrumbar sus montañas encima del pueblo traidor. Pero cuando en la sociedad humana reina el caos y el terror, como sucedió durante la Revolución, las montañas acogen y protegen a los tepoztecos, evitando su total dispersión o exterminio.

Muchos tepoztecos creen vivir en armonía con la fuerza de los cerros: habitan en las tradicionales casas de adobe y teja, construidas con técnicas que datan posiblemente de antes de la Conquista. Al igual que sus abuelos, son campesinos, y usan huaraches, calzón de manta blanca, sombrero y machete. Sin embargo, la mayor parte del pueblo ya no se rige tanto por "la tradición":

Por las calles se ven madres enrebozadas con sus hijas en uniforme de secundaria; jóvenes campesinos del barrio de San Pedro que calzan huaraches y visten poliésteres coloridos. Abarroteros con sus guayaberas, y obreros de CIVAC (parque industrial del valle de Cuernavaca) o albañiles vestidos de "catrines". Muchas casas exhiben antenas de televisión. Alguna de las capillas de barrio ha remodelado su fachada...

Desde la entrada se ven algunas edificaciones modernas, de estilo colonial o "rústico" que sirven de asilo a citadinos que huyen del ruido y la contaminación de la capital. Algunos comercios y tiendas reflejan la importancia creciente del turismo para el pueblo: en el

12

mercado de la plaza hay guerrerenses que vienen a vender sus artesanías; existen varios restaurantes destinados, tanto por el estilo como por los precios, a los turistas —incluso uno vegetariano para visitantes que buscan "las buenas vibraciones" de las montañas.

El puesto de periódicos también refleja la presencia del turista capitalino en Tepoztlán: encontramos revistas como *Nexos* y *Vuelta*, así como cualquier periódico importante de la capital. Tampoco faltan, desde luego, las dramáticas fotonovelas de amor y los cuentos que son consumidos en grandes cantidades por gente de todas las edades.

En el centro del poblado se ven las instituciones de la ley y el orden. La iglesia principal con su "exconvento" es una construcción del siglo XVI; tiene un gran patio con capilla abierta de las que se usaban para oficiar misas a indios recién conversos. El mercado es el indicador principal de la importancia económica de Tepoztlán con respecto a las siete congregaciones que dependen de la cabecera, y en relación a centros comerciales regionales como Yautepec, Cuautla y Cuernavaca. Tiene pocos puestos permanentes, en su mayoría propiedad de las familias más adineradas del pueblo, y sin embargo se llena los miércoles y domingos, que son los días de mercado, con mercancías diversas: frutas, legumbres, ropa interior, comales y ollas de barro, artículos de cocina, juguetes de plástico, etcétera. Los habitantes de las pequeñas comunidades del municipio acuden al mercado para vender y abastecerse en estos días.

Arriba del mercado está "el jardín", con sus bancas

de cemento rojizas, que suelen estar ocupadas por jóvenes enamorados, hombres bebiendo y cantando, o alguna que otra señora cansada de arrastrar a sus hijos. El jardín tiene su quiosco y puesto de periódicos, frente al cual encontramos una tortillería, varios taxis, y las dos líneas de autobuses que llevan gente a México, Cuernavaca, Yautepec, y a los pueblos pequeños del municipio. Al otro lado del parque está la presidencia municipal, resguardada por dos policías. El edificio fue construido por el año de 1890 y reconstruido hacia 1930. Es el centro administrativo del pueblo, en él se reflejan los conflictos, contradicciones y encrucijadas que se presentan en su vida política, económica y social.

En Tepoztlán se puede observar cómo algunos aspectos de la cultura van desapareciendo al tiempo que otros rasgos emergen y aun otros adquieren nuevos significados o usos. Estos cambios están relacionados con el sistema de poder social que sustenta o es comprensible a través del sistema cultural-simbólico. En este estudio intento analizar los cambios en las costumbres tepoztecas, y en lo que es la comunidad misma, a través de la descripción detallada de las transformaciones que han habido en las relaciones de poder y dominación a partir, sobre todo, de 1920.

Para estos fines me he valido de las aportaciones teóricas y metodológicas de varios y diversos científicos sociales, utilizando distintas técnicas y posiciones en las problemáticas donde las he encontrado útiles. La organización del presente libro está inspirada en el modelo de la sociedad que McMurtry (1978) construye con base en el esquema de la sociedad de Marx; utilizando

14

la acepción de la terminología de Marx que propone McMurtry, podríamos decir que parto de una descripción de los cambios en las fuerzas productivas, luego describo las relaciones de producción (que, en el lenguaje usual de la antropología, vienen siendo la estructura de poder y de propiedad), y posteriormente analizo el papel del Estado, la ideología y algunos rituales.

Para el análisis del control sobre las fuerzas productivas y de las relaciones de poder, he usado esquemas inspirados en Richard Adams (1975) que me han llevado a investigar cómo se controlan los recursos de la comunidad, y qué implicaciones tienen dichos controles sobre las relaciones de poder entre individuos y grupos, y la expropiación creciente del poder de la comunidad en beneficio de otros niveles más altos de la jerarquía socioespacial.

Para entender el proceso de concentración del poder en niveles económicos y administrativos cada vez superiores, me he valido principalmente de las ideas de G. William Skinner. Los análisis de ritual y simbolismo se basan en diversos tipos de antropología simbólica que van desde las posiciones de Clifford Geertz a las de Levi-Strauss. La única constante teórica en esta parte del estudio es la que sostiene que 1) los sistemas simbólicos están en conexión con las relaciones concretas de poder; 2) que, por lo mismo, ritual y símbolo tienen que ser vistos en el contexto histórico específico en el que son generados; y 3) que, sin embargo, existe una cierta sistematización en los distintos aspectos de la cultura, ciertas oposiciones y contrastes permanentes que reflejan las contradicciones profundas y primarias de

15

la sociedad y que caracterizan los dilemas de la comunidad mientras funcione bajo un sistema de producción dado.

El libro está dividido en dos partes: la primera trata de la evolución del poder social en Tepoztlán a partir de la Colonia y de los cambios de posición del pueblo en la economía-política regional; en la segunda parte intento demostrar cómo el estudio de la historia del poder modifica sustancialmente los resultados del análisis de viejos problemas antropológicos.

En el primer capítulo describo el sistema regional en que está inmerso Tepoztlán, trato la organización de la economía-política morelense y el lugar que ocupa Tepoztlán en ella. El segundo capítulo trata de los cambios que han ocurrido en las fuerzas productivas[1] e

---

[1] En el transcurso de este trabajo, la terminología marxista (que no es la única que empleo) está utilizada con la acepción muy particular y —a mi modo de ver— útil y precisa de J. McMurtry (1978). McMurtry define "fuerzas productivas" como todo aquello que sirve para la producción de un valor de uso material. Bajo esta rúbrica incluye, la tecnología, la división del trabajo (técnica), conocimiento tecnológico y capital. Entiendo por "recursos energéticos" lo mismo, menos la división del trabajo. La exclusión de la división del trabajo del esquema del poder social de Richard Adams me parece una de las debilidades de dicho modelo, y es por esto que he preferido usar el modelo marxista "a la McMurtry" *en este terreno específico*. Muchos otros marxistas colocan a la división técnica del trabajo entre las relaciones de producción; sin embargo, esto oscurece las relaciones de determinación que existen entre las fuerzas productivas y la estructura de poder —que en el esquema de McMurtry corresponde *grosso modo* a las "relaciones de producción".

16

intento describir el desarrollo de éstas desde la época colonial, aunque mis fuentes hasta 1920 son secundarias. Una vez delineada la entrada de recursos energéticos, y los cambios en los sistemas de producción que han ido ocurriendo, trazo en un tercer capítulo las relaciones de control de esos recursos, y el poder entre los hombres que se fundamenta sobre dicho control.

En el cuarto capítulo demuestro cómo el análisis de la historia del poder en Tepoztlán transforma nuestro entendimiento de algunos problemas antropológicos clásicos, específicamente en la interpretación del sistema de los barrios. El estudio de los barrios en relación al poder social produce un razonamiento diferente de la naturaleza del ritual y la política al que mantienen Redfield, Lewis, o autores contemporáneos como Bock.

El último capítulo es un análisis esquemático de dos problemas en la cultura política tepozteca: la corrupción política, y las actitudes hacia la política y los políticos. Aquí intento demostrar la relevancia que tiene el estudio histórico de la cultura política para comprender problemas organizacionales y políticos concretos.

He procurado modificar tanto los nombres como los puestos políticos reales de los actores en la escena contemporánea a partir de 1940, aproximadamente. En el caso de los conflictos abiertos y conocidos por todos los tepoztecos he procurado señalar cuáles son versiones particulares de un mismo hecho. Este estudio no es una denuncia periodística de incidentes políticos, sino un análisis de la historia de un sistema político. He procurado mantener una analogía estructural entre las posiciones reales de los políticos y mi recreación de ellas, para que la sección reciente del estudio no perjudique a ninguno de mis informantes y, al mismo tiempo, provea al lector de una idea del *tipo* de política local contemporánea.

I. EL SISTEMA REGIONAL

En el prólogo de este libro he afirmado que hacer un estudio de caso —análisis del microcosmos que es una comunidad— es un asunto que sigue siendo de interés tanto para las ciencias sociales como para aquellos que buscan comprender mejor a México. Sin embargo, la razón de este interés es, como han pretendido algunos, que la comunidad sea un modelo a escala, metodológicamente manejable, de toda la sociedad.

Hay psicólogos que hablan de individuos "normales" o "anormales"; en las ciencias sociales se ha hablado de comunidades "típicas" —fieles representantes de "la mayoría" de las comunidades, e indicadoras de la problemática global de la sociedad. Las ventajas de esta perspectiva son claras: una vez elegida una comunidad "normal" a través de algún procedimiento "científico", el estudio de dicha comunidad arroja *ipso facto* un entendimiento sobre "la sociedad mayor". Con base en estos presupuestos, el estudio de comunidades aisladas ha sido usado para llegar a conclusiones generales sobre las condiciones de vida en "las comunidades indígenas", o "el campo mexicano". Hay quienes desafían hasta los últimos vestigios de la prudencia y hablan sobre México en general, basándose en el estudio de una o varias comunidades desprovistas del contexto estructural del que forman parte.[1]

Existen otros científicos sociales, normalmente egresados de las filas de la sociología, de las ciencias políticas o de la psicología, que se preocupan por la validez estadística de este tipo de estudios. Ellos no encuentran objeción en el planteamiento de la "comunidad típica", pero hallan que nuestros métodos para encontrarla no son lo suficientemente sofisticados. Su solución al problema ha sido la de realizar muestreos para seleccionar comunidades, de tal forma que la composición interna de las mismas sea "estadísticamente representativa" del nivel sobre el que se quiera generalizar. Por ejemplo, se escoge una comunidad que tenga el tamaño medio de todas las comunidades del país, o que tenga el ingreso per cápita del estado, etcétera.[2]

---

[1] A pesar de que existen pocos estudios antropológicos en México que analicen de una forma coherente la relación entre "su" comunidad y los campos y ciudades de las que éstas dependen, esta caricatura no hace justicia a otros estudios que, aun sin una metodología elaborada, apuntan al rango al que se puede generalizar, o analizan implícitamente el sistema regional en que su comunidad está ubicada. Incluso en Morelos, los estudios de Warman (1976), Dávila (1976), y De la Peña apuntan hacia algunas soluciones de esta problemática. Estoy retratando casos extremos del mal que me preocupa, esperando contribuir a la solución de un problema que, en mayor o menor grado, está presente en la antropología y sociología mexicanas.

[2] Una combinación interesante de métodos antropológico y sociológico, está ejemplificada en el trabajo de Oscar Lewis (1960) que justifica el estudio antropológico intensivo de Te-

Una vez escogido el pueblo "representativo", este tipo de sociólogos entra con su equipo de encuestadores, aplica cuestionarios a personas escogidas estadísticamente y se retira a derivar conclusiones abstractas y generales a partir de los asuntos que la comunidad y los informantes "representativos" le comunicaron.

Este proceso de abstracción ha permitido que los sociólogos propongan explicaciones teóricas más generales que las conclusiones frecuentemente provincianas del antropólogo que tiende a obsesionarse con las particularidades de "su" comunidad; por otra parte, ha contribuido a sacrificar la riqueza y profundidad de los estudios etnográficos tradicionales a cambio de un poco de barniz de "cientificidad".

No se pueden hacer inferencias sobre "el campo mexicano" o "la sociedad humana" basándose en el estudio de uno o varios casos de "comunidades normales", con o sin estadísticas. Esto se debe a que *la comunidad típica no existe*. En efecto, cada caso ocupa una posición específica en la estructura del sistema social, además de encontrarse en una fase de la historia o en un ritmo temporal específico. Para comprender el significado de un caso particular es indispensable preocuparse por *la posición de la comunidad en la estructura social y temporal de la que es parte*; las estadísticas sólo tienen sentido después de cumplir con esta tarea fundamental.

Así, resulta evidente que estudiar uno o varios casos

poztlán con base en la idea de que dicho pueblo era "estadísticamente representativo" del resto del agro mexicano.

es importante: en el contexto estructural apropiado, el estudio de una comunidad concreta nos ayuda a entender otros casos que se encuentran en una posición estructural análoga,[3] y nos revela el funcionamiento del sistema como un todo *visto desde la perspectiva de un caso específico.* Así queda claro que un entendimiento de la realidad de México provendrá principalmente del estudio de casos bien contextualizados y del análisis de la perspectiva sobre las estructuras sociales que estos casos arrojan.

Por todas estas razones, antes de comenzar la descripción de los cambios en la estructura de poder, es necesario ubicar a Tepoztlán en el sistema espacial al que está integrado. En este capítulo los pobladores de Tepoztlán son situados en el contexto espacial en que interactúan para poder vivir en la forma que acostumbran: describiré analíticamente el sistema regional de Morelos y las distintas formas en que éste se integra como unidad.[4] La ecología, los patrones de asentamien-

---

[3] En este sentido restringido, sí creo conveniente generalizar a partir del análisis de comunidades individuales; no creer en esto, sería abandonarse a un relativismo que impediría cualquier generalización. Mi crítica a buena parte de los estudios de comunidades está en el salto mortal que tienden a dar entre el análisis de la comunidad y el de "la sociedad mayor". Este tipo de maroma teórica se hace casi siempre sin parapetos metodológicos que las sostengan; sin embargo, es muy importante estar convencido de que con equipo adecuado sí se pueden dar conclusiones.

[4] En el transcurso de este libro utilizo las palabras "integración" y "función" no en sus sentidos de "integración armónica" o de "función positiva para mantener un estado de

22

to, los sistemas de distribución comercial, el uso diferencial de la tierra y la distribución geográfica de las diferentes clases sociales de la zona, son los elementos principales incluidos en este tema. En cuanto al contexto temporal en que se encuentra el pueblo —tanto de cambios históricos lineales como de los ciclos que le dan a la historia su ritmo— es un tema central de este estudio y será tratado en capítulos posteriores.

ECOLOGÍA GENERAL DE MORELOS

El estado de Morelos se asemeja a una vasija, inclinada hacia el sureste (Lewis, 1951:3). Por el centro corre una pequeña serranía interior que va de la sierra de Tepoztlán hacia el sur, hasta el cerro de Jojutla; esta serranía divide lo que sería el fondo de la vasija en dos grandes valles: el Plan de Amilpas y la cañada de Cuernavaca. Estos dos valles están ampliamente irrigados y son idóneos para la producción de cultivos comerciales como azúcar, algodón y arroz.[5] En cam-

equilibrio". Las sociedades modernas no son ni armónicas, ni están en equilibrio. Más bien utilizo estas palabras en su acepción más general: por "integración" generalmente quiero decir la interrelación entre partes que juntas dan una totalidad, y uso "función" en el sentido de "uso", "propósito", etcétera.

[5] Tradicionalmente, la economía morelense ha estado basada predominantemente en la agricultura comercial de los valles. Sin embargo, hoy en día la industria y los servicios ya han sobrepasado en importancia a la agricultura. En 1975 solamente el 17.5% del PIB del estado correspondía al sector primario, 32.1% al secundario, y 50.4% al terciario (CEPES, 1975:1). Sin embargo, aún hoy, gran parte del sector industrial tiene que ver con el procesamiento de la caña de azúcar.

bio, los bordes exteriores del Estado están ocupados por terreno montañoso y poco propicio para la agricultura comercial.

Los centros urbanos principales de la región se concentraron en varios puntos de los valles (Cuernavaca y Cuautla, aunque también sobresalen Jojutla, Yautepec, Zacatepec y Jonacatepec). Alrededor de estas ciudades, que son los centros comerciales e industriales más importantes de la región, están las tierras fértiles en las que que se dan los cultivos comerciales. Los productos se venden en las ciudades de la región, donde son procesados o empacados y enviados a la ciudad de México. En torno a estas zonas fértiles encontramos un anillo de tierras más accidentadas, en las que la producción es únicamente para subsistencia de las familias campesinas. Esta población, de la que los tepoztecos forman parte, ha constituido un verdadero "ejército agrícola de reserva" para las ricas plantaciones de los valles.

En la época precolombina las ciudades principales de la región se construían en zonas que, encontrándose cerca de una agricultura rica, estuvieran también en sitios fácilmente defendibles (Gerhardt, 1970). Así, por ejemplo, Cuernavaca y Oaxtepec, las dos ciudades principales en la época de la preconquista, se encuentran en zonas protegidas por cerros y barrancas. Después de la Conquista esta restricción perdió importancia, y los poblados que estaban en el centro de la producción cañera comenzaron a prosperar: éste parece ser el caso de las ciudades de Cuautla, Jojutla, Yautepec y Jonacantepec.

24

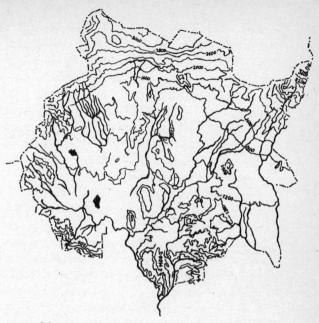

MAPA 1. Topografía y orografía de Morelos.

Las tierras de los valles son aptas para la agricultura comercial debido a que son planas y están fertilizadas por el riego de varios ríos —principalmente el Amacuzac, sus tributarios y el Nexapa. A la abundancia de agua se agrega un clima cálido, con temperaturas medias de 21 a 25 grados centígrados, según la zona específica; la temperatura mínima media es de alrededor de 10 grados centígrados. Además, las grandes extensiones de tierras planas son atractivas para quienes pueden tener y manejar grandes plantaciones de un solo cultivo, por ejemplo de caña de azúcar o de arroz.

Estos aspectos de la ecología del valle contrastan con el carácter fragmentado y accidentado de las tierras de alrededor de los valles, y la consideración de estas diferencias es necesaria para entender la forma en que éstas fueron acentuadas para la organización de la economía de la región de Morelos. Aquí me limito a describir en detalle la zona marginal del norte del estado, en la que está ubicado Tepoztlán. Sin embargo, muchos aspectos generales de esta descripción son aplicables a todas las zonas marginales del sistema regional.

El norte de Morelos es una zona montañosa (véase mapa 1). El eje volcánico, llamado aquí sierra del Ajusco, atraviesa todos los municipios norteños y converge al macizo del Popocatépetl en su extremo oriental. Hay unas serranías menores que divergen en dirección sur desde la parte central de la sierra del Ajusco: estas sierras dividen a los Altos de Morelos (el norte del estado) en subregiones diferentes. Así, por ejemplo, la sierra de Tepoztlán separa al pueblo de Tepoztlán de Tlayacapan y de Tlalnepantla, y a su vez la sierra de Tlalnepantla separa a Atlatlahucan y Totolapan de Yecapixtla. A partir de Yecapixtla vemos que la zona noreste del estado va subiendo por los contrafuertes del Popocatépetl, en cuyas faldas encontramos a Tetela del Volcán.

Los Altos de Morelos son de tierra templada y tierra fría, con alturas de 1 500 a 2 500 metros, en contraste con el clima subtropical y tropical que encontramos en el valle. Las lluvias son intensas y caen, con algunas

26

variaciones que dependen de la altura, desde mayo hasta septiembre. Las diferencias ecológicas entre los poblados de tierras altas han sido descritas como posibles factores de complementariedad entre poblados (Lewis, 1951; De la Peña, 1980; Warman, 1976), solidificando así la integración interna de cada subregión del norte morelense. Estas subregiones coinciden con las fronteras naturales de las pequeñas serranías descritas arriba y son: Tepoztlán, los Altos de Morelos propiamente dichos (Tlayacapan, Totolapan, Atlatlahucan y Tlalnepantla), y Morelos oriental (Ocuituco, Tetela, Zacualpan y Yecapixtla).

Por sobre estas subdivisiones, los municipios del norte tienen mucho en común: profundas barrancas disecan el terreno y acarrean grandes torrentes de agua hacia los valles en época de lluvias. Posiblemente la característica más relevante de la zona norte sea su incapacidad para producir más de una cosecha al año, por falta de riego. Debido al carácter fragmentario de la tenencia de la tierra (que se acentúa con la subdivisión causada por el sistema de propiedad) y el relieve de muchas tierras, el tipo de agricultura en la zona es de cultivo intensivo de milpas, con una sola cosecha anual. Por estas razones, es válido concebir el norte de Morelos (donde ha predominado la agricultura "tradicional" basada en el cultivo del maíz, el frijol y la calabaza) como una zona campesina.

Ahora bien, el campesino del norte de Morelos, aunque tradicionalmente producía para la subsistencia, rara vez lograba una independencia económica. Gran parte del área está cubierta por bosques de coníferas o por pedregales de roca volcánica; la tierra arable escasea. Desde tiempos inmemoriales ha sido esencial para los campesinos buscar trabajo en la época de secas; y todas las fuentes de trabajo están en los valles.[6] Podría decirse que la ecología del norte de Morelos, y especialmente la escasez de tierra y agua, ha dictado a sus campesinos una dependencia histórica de las tierras y ciudades del valle de Morelos.

Por otra parte, las encomiendas, haciendas y latifundios de los valles siempre tuvieron fluctuaciones en sus necesidades laborales, según la temporada del año. La caña de azúcar, que es el cultivo dominante, requiere mucha mano de obra en la época de zafra. Ya en la Colonia se acostumbraba, en las haciendas azucareras, hacer coincidir la zafra con la época de secas para aprovechar la labor de los campesinos de las tierras altas (Barret, 1970). El acceso a esta importante fuerza laboral, que producía su propia base de subsistencia a través del cultivo de las tierras altas, era indudablemente un importante factor que incidía en el costo de operación de los ingenios. Desde la época colonial hasta la revolución, los grupos dominantes de los valles permitieron, por propia conveniencia, que existieran en el norte del estado pequeñas parcelas campesinas, muchas veces en forma de propiedad comunal. Esta política contrastaba aparentemente con la tendencia generalizada de invasiones de tierras a que estaban sometidos los campesinos en las comunidades de los valles (véase Womack, 1969; y Warman, 1976). En otras palabras,

[6] Y, cada vez más, en la ciudad de México.

28

las diferencias ecológicas naturales entre valle y montaña fueron *ccentuadas*, aún más, para que la agricultura en los Altos subsidiara los costos de producción en las plantaciones del valle.[7]

EL MUNICIPIO DE TEPOZTLÁN[8]

El municipio de Tepoztlán se encuentra sobre la pendiente de la sierra del Ajusco que encierra a los valles de Morelos. La parte del suroeste del municipio desciende hacia Cuernavaca en tanto que el sureste colinda con Yautepec y las Amilpas, de tal forma que Tepoztlán está orientado hacia ambos valles. El declive en que se encuentra el municipio implica diferencias climáticas que corresponden a las distintas altitudes. Con los cambios de clima se dan diferencias ecológicas importantes que permiten la existencia de una variedad de productos al interior del municipio. Debido a esta variedad, Tepoztlán ha funcionado durante largos periodos como un minisistema de mercado.

La superficie del municipio es de 27 900 hectáreas sobre las cuales hay ocho poblados y una colonia: Tepoztlán (cabecera municipal), Santa Catarina, Santiago

[7] Éste es un tema central del estudio que realizó Guillermo de la Peña sobre parte de esta zona (1980).

[8] La monografía de Lewis (1951) contiene una excelente descripción ecológica del municipio, basada en trabajos hechos por ingenieros de campo. Es recomendable la lectura de este trabajo para cualquier lector interesado en profundizar en este (o en cualquier otro) aspecto del municipio o del pueblo.

29

Tepetlapa, Ixcatepec, San Juan Tlacatenco, Santo Domingo Ocotepec, Amatlán, San Andrés de la Cal (congregaciones), y Adolfo López Mateos (colonia). Solamente dos pueblitos, San Juan y Santo Domingo, se encuentran en la tierra fría. Tepoztlán, Amatlán e Ixcatepec están en plena tierra templada, mientras que Santa Catarina, Santiago, San Andrés y López Mateos, están en las orillas de la tierra caliente.

El mapa 2 describe las divisiones climáticas y los poblados del municipo. La parte norte, junto a la fron-

MAPA 2. Pueblos y climas del municipio.

tera con el Distrito Federal, es de tierra fría. Allí se
encuentran los bosques de coníferas que, aun después
de intensas talas, ocupan gran parte de la superficie
municipal. En algunas partes de la tierra fría el clima
y la tierra son adecuados para el cultivo de trigo, ave-
na o cebada. Sin embargo, esta zona está despoblada,
y la gran distancia que guarda con los pueblos del municipio impide que muchas de estas parcelas sean tra-
bajadas por tepoztecos.

Hacia el centro-sur del municipio, el descenso en
altitud es acelerado por el corte casi vertical de la sierra
de Tepoztlán. Abajo de este tajo está la tierra templada. Este clima, que es el del pueblo de Tepoztlán,
es más apto para el cultivo del maíz que el de la tierra
fría. Las heladas y granizadas son menos frecuentes.
Los bosques de coníferas escasean. La altura y el clima
permiten cultivos como el café, el aguacate y el jitomate. La franja del sur del municipio está prácticamente en tierra caliente. Los bosques desaparecen por completo y, en cambio, encontramos un poco de caña de
azúcar y grandes texcales que sirven para el cultivo del
maíz o para que paste el ganado.

Los diferentes productos, ocupaciones y ritmos agrícolas en las franjas de tierra templada, fría y caliente,
hacen posible una integración de los diferentes pueblos
a través del intercambio de algunos productos. Los habitantes de San Juan y Santo Domingo son los proveedores de leña y de frutas de tierra fría, como la pera,
la manzana o el capullín. Los de tierra templada o
caliente traen aguacates, tomate, mango, plátano, caña,
etcétera. Todos convergen en el pueblo de Tepoztlán,

31

donde está el mercado municipal. Empero la integración producida por el sistema de microclimas no implica que el municipio funcione como una entidad autónoma. Al contrario, Tepoztlán está necesariamente ligado a otras zonas porque, como veremos en detalle en el siguiente capítulo, hay una escasez general de tierra cultivable.

LA INTEGRACIÓN ESPACIAL DEL SISTEMA ECONÓMICO

Es difícil, en una descripción de la ecología de un lugar, distinguir los aspectos "naturales" de los que son resultado de decisiones politico-administrativas de la sociedad en cuestión. Por ejemplo, ya hemos dicho que Tepoztlán, al igual que el norte del estado en general, se caracteriza por falta de agua. La causa inmediata de este fenómeno está en que toda la zona se encuentra en una pendiente norte-sur, lo que provoca un escurrimiento de agua. Sin embargo, el que no se tomen medidas para detener dicho escurrimiento es una decisión política que, como dice De la Peña, ha sido renovada a través de la historia de la región (1980:52).

Es por esto que en las secciones anteriores he iniciado la descripción de la organización espacial de la economía. En esta sección se trata de sistematizar algunas de las nociones que se han discutido arriba y de seguir sus implicaciones. Sin embargo, debido a los cambios económicos que ha sufrido Morelos, es indispensable hacer explícito el periodo que está sirviendo de base para el modelo de la organización espacial de la economía. Idealmente hubiera escogido para estos propósitos el año de 1940, antes de los grandes cambios provocados por la industrialización y el crecimiento urbano de las ciudades de Morelos y de la capital. Sin embargo, no siempre he podido localizar los datos estadísticos indispensables para el análisis de la región en esta fecha. Finalmente he optado por describir a la economía regional en una época vagamente moderna, inspirada sobre todo en el panorama de 1940, y señalando los cambios esperados entre este año y las fechas posteriores de algunas de mis fuentes.

Por ser al mismo tiempo lo suficientemente temprano como para preceder los grandes cambios provocados por la industrialización y el crecimiento urbano grandes ciudades se rodean por tierras aptas para la agricultura comercial, que a su vez están rodeadas de tierras marginales que les proveen de un "ejército agrícola de reserva" de mano de obra. Pues bien, la interrelación entre las diferentes zonas de la región se puede desglosar de distintas maneras. Aquí analizamos la integración de la región desde el punto de vista de las relaciones comerciales (de mercado), desde el punto de vista politicoadministrativo, y desde el punto de vista de la tenencia de la tierra y de las relaciones de producción. Pero antes de discutir estos aspectos de la organización espacial de la región, hay que observar más detenidamente el carácter de los tres tipos de zona que la integran: ciudades regionales, los campos fértiles alrededor de estas ciudades, y las tierras marginales.

En el caso de muchas regiones, el punto de partida lógico para esta descripción sería el de las ciudades nodulares que, se supone, integran la totalidad de la región a través de su dominio comercial. En el caso de Morelos este procedimiento, posiblemente el más práctico, debe utilizarse con cautela ya que, por la cercanía de la región a la ciudad de México, la región morelense tiene ciertas características especiales.

El carácter de las ciudades regionales

Las ciudades regionales de Morelos (nos referimos aquí especialmente a Cuautla y a Cuernavaca), no son centros en los que se concentren los productos agrícolas para después elaborarlos y redistribuirlos a la misma región de la que provienen. Más bien, podríamos concebir a estas ciudades como puntos intermedios entre la producción agrícola de la región y "el mercado nacional" (sobre todo el de la ciudad de México). En Cuernavaca y Cuautla no sólo se concentran y redistribuyen productos de la región sino que, muy importantemente, se elaboran productos agrícolas para la exportación a México. Al analizar la función de estas ciudades en la región es de importancia tomar en cuenta que desde la época precolombina el desarrollo de la región como un todo ha estado condicionado por sus relaciones con el valle de México.

Cuautla y Cuernavaca, las dos ciudades más importantes de Morelos, cubren, entre las dos, casi todas las necesidades comerciales y políticas directas de los pueblos del estado. Sin embargo, ya en los datos de 1940 se observan aparentes diferencias entre estas dos ciudades. Dichas diferencias persisten hoy en día, si acaso

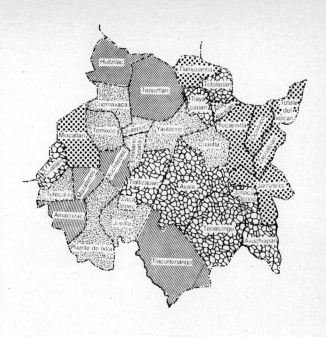

MAPA 3 CORRELACIÓN DE OBREROS Y EMPLEADOS CON EMPRESARIOS

☐ ALTA DE TRABAJADORES, ALTA DE EMPRESARIOS

▨ MEDIA DE TRABAJADORES, MEDIA DE EMPRESARIOS

▨ MEDIA DE EMPRESARIOS, BAJA DE TRABAJADORES

▨ BAJA DE TRABAJADORES, BAJA DE EMPRESARIOS

algunas se han ido acentuando, y por esto vale la pena apuntarlas.

En primer lugar, Cuernavaca es la ciudad mayor, ya en 1940 contaba con 14 331 habitantes, en contraste con los 6 431 de Cuautla.[9] Cuernavaca deriva su riqueza tanto de la concentración, elaboración y exportación de productos agrícolas de sus alrededores al Distrito Federal, como de ser la sede del gobierno del estado, el centro turístico principal de Morelos,[10] y —cada vez en mayor grado— el centro industrial más importante del estado.[11]

En 1940, un 20.6% de la población económicamente activa (PEA) del municipio de Cuernavaca eran obreros y empleados; 11.57% eran burócratas; 10.7% empresarios y artesanos, y un 31.64% eran agricultores.[12] Sus

[9] La población de ambas ciudades se ha incrementado dramáticamente desde entonces. En 1970, el municipio de Cuernavaca tenía 130 909 habitantes, en contraste con los 25 666 de 1940. El municipio de Cuautla pasó de tener alrededor de 18 mil habitantes a 67 869 en 1970.

[10] A pesar de que se sabe que ya en 1940 Cuernavaca recibía alguna cantidad de turistas, ciertamente ésta ha estado en constante aumento. Para 1965 Bancomer reportó que entraban 80 mil turistas al estado cada fin de semana, la mayor parte de los cuales iban a Cuernavaca.

[11] En 1960 el potencial industrial de Cuernavaca aumentó substancialmente al construirse un parque industrial (CIVAC) que es parte del intento de sacar a la industria nacional del Distrito Federal.

[12] Estos datos fueron derivados del Censo General de Población de 1940(pero tuve que reagrupar las categorías para comenzar el acercamiento a un concepto marxista de clases sociales; aquí, la categoría "obreros y empleados" incluye empleados burocráticos que normalmente se consideran de "las clases medias" y excluye al proletariado rural. En la categoría de "burócratas" incluyo, un tanto arbitrariamente, sólo a los profesionales liberales y a los burócratas del gobierno. He tenido que juntar a todos los que participan en labores agrícolas

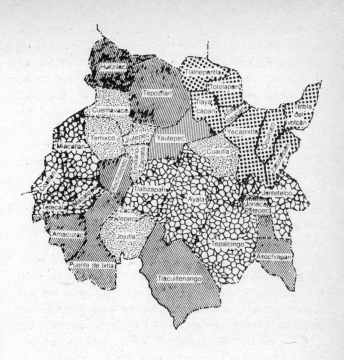

MAPA 4

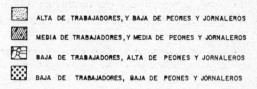

ALTA DE TRABAJADORES, Y BAJA DE PEONES Y JORNALEROS

MEDIA DE TRABAJADORES, Y MEDIA DE PEONES Y JORNALEROS

BAJA DE TRABAJADORES, ALTA DE PEONES Y JORNALEROS

BAJA DE TRABAJADORES, BAJA DE PEONES Y JORNALEROS

industrias principales eran los textiles, el cemento, una calera, fábricas de mosaicos y de cerámica, una embotelladora de refrescos, varias cerilleras, la industria de la construcción, y varias pequeñas agroindustrias como tocinerías o procesadoras de miel. Además de su importancia industrial, es notable el dominio comercial de Cuernavaca sobre todo el oeste del estado.

En 1960 CEPES (s.f.) calculó que alrededor de un 60% del comercio de todo el estado se hacía a través de Cuernavaca. Independientemente de la exactitud de esta estimación (algunos de los cálculos de CEPES dejan mucho que desear), y de la dificultad de extrapolar esta cifra al año de 1940, cuando Cuernavaca tenía un tercio de los habitantes de 1960, esta cifra nos da una idea aproximada de la importancia de la ciudad en la integración comercial de la región. De hecho en 1940 Cuernavaca dependía en un 45.66% de su sector terciario; además, una buena parte de éstos (10.1% del PEA total) eran burócratas del gobierno estatal. Un 47.64% de los funcionarios del estado estaban radicando en Cuernavaca, de tal forma que la ciudad era (y es) la meta de una peregrinación incesante para la tramitación de asuntos legales.

Por otra parte, la agricultura del municipio de Cuernavaca no es tan rica como la de otras zonas del estado:

bajo la categoría de "agricultores" porque en el censo no se pueden separar a los ejidatarios de los propietarios. Por último, la categoría de "empresarios y artesanos" es la más ofuscante de todas ya que en ella se incluye tanto a dueños de fábricas como a carpinteros y maquiladores que son dueños de sus medios de producción.

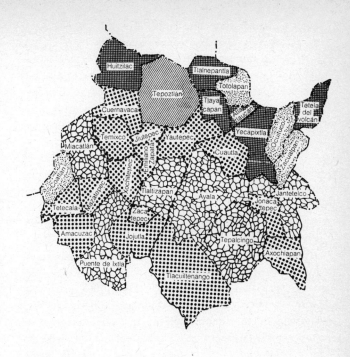

MAPA 5

ALTA DE TRABAJO FAMILIAR – ALTA DE TRABAJADORES POR SU CUENTA

ALTA DE TRABAJO FAMILIAR – MEDIA ALTA DE TRABAJADORES POR SU CUENTA

BAJA DE TRABAJO FAMILIAR – ALTA DE TRABAJADORES POR SU CUENTA

MEDIA BAJA DE TRABAJO FAMILIAR – BAJA DE TRABAJADORES POR SU CUENTA

BAJA DE TRABAJO FAMILIAR – MEDIA BAJA DE TRABAJADORES POR SU CUENTA

39

buena parte del municipio está en tierra marginal, entre las barrancas y texcales característicos de todo el norte. En 1960 únicamente un 19% de la superficie municipal era laborable, y de esta cifra sólo un 11.3% era de riego (datos en CEPES, s.f.). Sin embargo, Cuernavaca está en el extremo norte de un gran valle muy fértil, y que depende de esta ciudad para la comercialización de muchos de sus productos.

La preponderancia de Cuernavaca sobre el resto de Morelos no se basa en la mayor riqueza agrícola de este valle; es importante en esta coyuntura notar que "forman estas porciones, hermosos y fértiles valles abiertos hacia el sur. El Plan de Amilpas, *más extenso, con mejores tierras para la agricultura* y la cañada de Cuernavaca, más abrupta, más pintoresca; pero ambos con condiciones formidabilísimas para las actividades del pueblo agricultor más exigente" (Díez, 1967:6, el subrayado es mío). Más bien, Cuernavaca deriva su importancia de la combinación de su posición ventajosa como capital de Morelos, su cercanía al Distrito Federal, y —también— de la región agrícola que la rodea.

En contraste, Cuautla —que es el corazón de las Amilpas— es una ciudad que creció con el auge de la agricultura comercial en su región. El municipio de Cuautla es en sí mismo una zona fertilísima: 62% de su superficie es cultivable, y de esta extensión un 58% es de riego (las cifras son de 1960, sacadas de CEPES, s.f.). El crecimiento de Cuautla no fue resultado de factores políticos; simplemente resulta que Cuautla está en el centro de una rica zona azucarera que Cuernavaca no puede abastecer por la existencia de barreras físicas. Además, Cuautla está casi tan cerca de México como Cuernavaca y de hecho fue la primera ciudad morelense en ser conectada a la capital por ferrocarril. Con el *boom* azucarero en la época del pofiriato, Cuautla se convirtió en la capital del azúcar, y a ella fluía la producción de todo el oriente del estado.

Es importante notar en esta conexión que las zonas dependientes de Cuautla no están todas en el estado de Morelos. Ya habíamos notado que Morelos está inclinado hacia el sureste, donde "las montañas del este, que parten del Popocatépetl, van perdiéndose en una serie de ondulaciones antes de terminar en las llanuras de Tepalcingo y Axochiapan..." (Díez, 1967:6). Esto significa que la zona de influencia de Cuautla se extiende hacia Puebla y compite con centros comerciales de este estado, como Izúcar de Matamoros. Sin embargo, la base económica principal de Cuautla está en la zona cañera de Morelos.

La industria de Cuautla, la mayor después de la de Cuernavaca, también está más relacionada con la agricultura: hay tres grandes beneficios de arroz, una curtidora de cuero, fábricas de vinos y licores, empacadoras de jitomate, los ingenios azucareros de Santa Inés y Casasano, una planta eléctrica, una embotelladora de refrescos, etcétera. En 1940 un 14.54% de la población económicamente activa trabajaba en la industria, 22.77% en los servicios, y 62.41% en agricultura. El 13.67% de la PEA eran obreros y empleados, y 42.18% jornaleros del campo. A través del procesamiento de productos agrícolas de la zona y de su surtido de productos co-

41

merciales, Cuautla conecta a todo el oriente morelense a un sistema de mercado.

Así, Cuernavaca es el centro de la región económica del oeste y Cuautla lo es del este. Ambas regiones están ligadas al mercado de la ciudad de México. De México reciben muchos productos industriales y agrícolas que no se producen localmente, y a esa ciudad mandan azúcar, arroz, cacahuate y jitomate. Además, reciben los capitales y los turistas que comienzan a huir del caos capitalino.

Los alrededores

Las ciudades morelenses están rodeadas de ricas e irrigadas planicies idóneas para la agricultura comercial a gran escala.

En 1950 los cultivos de mayor valor en estas tierras eran la caña de azúcar, con el 54.3% de la superficie cultivable del estado; arroz, con el 5.15%; maíz con 17.02%; y cacahuate, con el 5.05% de la superficie. El cultivo de la caña de azúcar y del arroz se hacen exclusivamente cuando se cuenta con riego, en cambio el jitomate, el frijol, el maíz o el cacahuate se cultivan tanto en riego como en temporal.[13]

En las zonas ricas que aquí nos ocupan existen dos tipos de tenencia de la tierra: ejidal y de pequeña propiedad. La tierra comunal no existe. Los ejidos ocupan un 78.60% del total cultivable del estado, y un 86.01%

[13] El trabajo de Holt-Buttner (1962) es de gran utilidad para los datos estadísticos de Morelos.

de la superficie regada. Mientras que la pequeña propiedad cuenta con un 21.4% de la superficie, y 13.98% son de la de riego.[14]

Antes de la revolución, los predios de estas zonas ricas estaban en manos de grandes latifundistas que los dedicaban a la producción altamente tecnificada de caña de azúcar. Las relaciones de producción en el campo eran netamente capitalistas, y la orientación del producto era al abastecimiento de los mercados nacionales e internacionales. En el año de 1940, y más aún hoy en día, la agricultura en estas zonas seguía siendo caracterizable como capitalista. Sin embargo, algunas formas de producción cambiaron profundamente de modalidades, creando una situación enteramente distinta a la prerrevolucionaria. Por un lado, en los predios de pequeña propiedad (sobre todo en aquellos que en los censos aparecen como *mayores de cinco hectáreas*) parece que el sistema ha permanecido casi idéntico, siendo la relación de producción principal la que se da entre el capital por un lado y el trabajo asalariado por el otro. Sin embargo, la situación de los ejidatarios es considerablemente más compleja.

Es frecuente, por ejemplo, que la producción en los

[14] El centro de Morelos es un caso interesante para la historia de la reforma agraria mexicana. Por ser la cuna del agrarismo, Morelos recibió una mayor proporción de ejidos en buenas tierras de lo que es común en la República en general. Así, en Morelos no es verdad que los ejidos estén predominantemente en las tierras marginales; en cambio, la tierra marginal se encuentra frecuentemente bajo formas de propiepiedad comunal ya que, por su mala calidad, nunca fueron expropiadas por las haciendas azucareras.

ejidos de riego *por ley* se encuentre ligada a la producción azucarera de algún ingenio (véase, por ejemplo, Ronfeldt, 1973:31). En tales casos los ejidatarios están obligados por contrato de varios años de duración a vender su producto a los ingenios a un precio preestablecido. Esta forma de producción no es, evidentemente, el tipo clásico de capitalismo, pero es comparable con formas de articulación muy frecuentes en ese sistema, como por ejemplo, la maquila doméstica de productos industriales. En este caso, los ejidatarios articulan su tipo de tenencia y formas de trabajo campesinas con un sistema de este tipo no son campesinos, ya que producen exclusivamente para la venta a una empresa capitalista —y no para su propio uso directo—. Por otra parte, si bien el ejidatario a veces contrata mano de obra, frecuentemente se usa mano de obra familiar como el modelo campesino clásico.

En otros casos, normalmente en tierras sin riego, los ejidatarios funcionan como productores campesinos comunes y corrientes, cultivando el maíz y el frijol para su propio consumo. Sin embargo, es importante señalar que, aun en este tipo de casos, el campesino está articulado al sistema económico regional ya que vende sus excedentes de producción, que son importantes para los mercados de la zona (véase, por ejemplo, Warman, 1976).

En resumen, las tierras ricas son uitlizdas en dos formas básicas: para la producción capitalista tecnificada (en su sentido clásico a través del sistema de pequeña propiedad, o en forma indirecta en la que los ejidatarios aparecen como maquiladores), y para la pro-

44

ducción campesina, en la que las formas de trabajo, la tecnología y los patrones de consumo se aproximan al "modo de producción doméstico" descrito por Sahlins. Este último tipo de producción se encuentra sobre todo en los ejidos sin riego y en las pequeñas propiedades que están en zonas marginales y/o son minifundios. La proporción de la superficie que ocupan estos dos tipos de agricultura debiera, en teoría al menos, responder a las condiciones del mercado: con un mercado más favorable habrán menos parcelas dedicadas a la autosubsistencia y viceversa.[15] Desde esta perspectiva se puede afirmar que uno de los efectos de la reforma agraria fue permitir que los campesinos mantengan, en caso de que las condiciones de riego y/o de mercado no fueran favorables, una producción netamente campesina.

Las zonas marginales

En torno a las tierras ricas hay un anillo de tierras accidentadas e irregulares que yo llamo "marginales". Estas tierras forman un verdadero *hinterland* de las zonas ricas, proveyendo a éstas de mano de obra barata, entre otras cosas.[16]

[15] Los mecanismos que se usan par hacer operante esta relación son complejos, debido a la existencia de ejidos, y han sido tratados notablemente por Ronfeldt, 1973.

[16] Las partes marginales más alejadas de los valles frecuentemente se articulaban con éstos no tanto a través de la venta de trabajo (la distancia con los valles hace difícil un arreglo de "pueblos dormitorios") sino a través de la venta de leña. Este

En efecto, a pesar de que existe una importante variedad de características en las zonas marginlaes, *desde el punto de vista de las tierras fértiles* su función general fue tradicionalmente la de proveer mano de obra estacional. Hay autores que han subrayado, además, la función de proveedores de granos al valle como una actividad fundamental de estas tierras (véase, por ejemplo: De la Peña, 1980 o Warman, 1976). No hay razón para pensar que esto no hubiera sido así en *algunas* zonas marginales de la región y en *algunas* épocas históricas de baja concentración de la población; pero parece claro que tal aspecto *no es* básico para la integración de las zonas marginales a los valles. Con seguridad existen municipios, como el de Tepoztlán, que no pueden ni siquiera autoabastecer su propia demanda de granos; y pienso que Tepoztlán no es el único municipio en las franjas marginales que ha sido tradicionalmente un importador de alimentos. Toda esta zona se caracteriza por contar con terrenos pobres para la agricultura.[17]

es el caso, en alguna medida, de los pueblos de San Juan y Santo Domingo en Tepoztlán, y de Tlalnepantla y Hueyapan. Para las formas de explotación de la leña véase: López Méndez, 1974. Hoy en día la leña de la sierra del Ajusco es vendida a las compañías de *San Rafael* y de *Loreto* y *Peña Pobre*, provocando que estos pueblos se articulen más directamente a la ciudad de México y menos a Morelos.

[17] La capacidad productiva de la tierra en Tepoztlán será discutida en el siguiente capítulo, pero con respecto a las características importadoras de muchos municipios cabe notar que la mala división de la tierra permite que muchos de los predios más ricos cosechen productos de exportación que no

Debido al carácter del terreno y a la falta de riego la agricultura de estas zonas es pobre y de temporal, con largas estaciones de bajo empleo. Es por esto que durante el siglo XIX las haciendas permitieron que los municipios retuvieran muchas de sus tierras comunales y que la producción en ellas se haya mantenido netamente campesina. En los mapas 3, 4 y 5 se reconfirma este punto: la zona norte en especial aparece como un enclave campesino en la región de Morelos.[18]

LA INTEGRACIÓN COMERCIAL DEL SISTEMA REGIONAL

Si nos detenemos un momento para analizar la forma en que se integra este sistema *desde el ángulo de la distribución de productos* tendríamos que la región está dividida en dos grandes centros comerciales: Cuernavaca y Cuautla. Hacia estos centros fluye la producción agrícola de sus respectivas zonas dependientes que, a su vez, compran productos elaborados en esas mismas ciudades o importados desde México. Los ricos *hinterländer* de las ciudades también proveen a las tierras marginales de productos agrícolas, a cambio de recibir mano de obra y algunos otros productos para las plantaciones.

son granos (como la gladiola en Tepoztlán, o la caña en Tlayacapan), aumentando la necesidad de importar maíz y frijol.

[18] En mi trabajo "Clase y etnicidad en Morelos. . .", 1979, demuestro este asunto de una forma más extensiva. En dicho trabajo incluyo, además, datos regionales de migración, educación y el análisis de varias otras variables de clase.

Los grandes centros urbanos de los valles no proveen a todos los habitantes de la región de todas sus necesidades comerciales. Hay muchos tipos de comercio menor que son sostenibles en poblados relativamente pequeños porque surten las necesidades cotidianas de sus habitantes, aunque existen poblaciones tan pequeñas o con patrones de asentamiento tan dispersos que solamente justifican la existencia de los comercios más rudimentarios.

El sistema de distribución está íntimamente ligado a una organización jerárquica de asentamientos humanos. Existen asentamientos que, por la gran cantidad de gente a la que surten comercialmente, tienen productos que no se consumen cotidianamente por el habitante medio; por otra parte, hay poblados tan pequeños que no justifican la existencia de tiendas con los productos de consumo más básicos. Estos poblados pequeños dependen comercialmente de los poblados mayores que tienen cerca. Así, a través de la distribución de productos, se integran las diferentes comunidades en una red de interacciones que constituye un aspecto fundamental del sistema económicoespacial.

Con base en el esquema desarrollado por G. William Skinner para el análisis de los sistemas de mercado en China (1964, 1977) propongo la siguiente jerarquía de asentamientos humanos para el sistema regional en el que funciona Tepoztlán:

1. Poblados campesinos que no cuentan con mercados de ninguna especie o que cuentan con algunas tiendas de abarrotes. No todas las necesidades normales del hogar campesino pueden ser satisfechas en los co-

mercios de estos poblados, que de aquí en adelante llamaré "aldeas".

2. Poblados con mercados que surten las necesidades campesinas cotidianas y que generalmente son rotatorios, ocurriendo normalmente en un día fijo a la semana. Llamaré a estos poblados "pueblos".

3. Poblados ubicados en sitios estratégicos en la red de transportes y que tienen importantes funciones de ventas al mayoreo. Llamaré a estos poblados "mercados centrales".

4. "Ciudades regionales" que integran los mercados de toda la región.

5. La ciudad de México, por ser un caso único en magnitud, requiere de una categoría aparte que llamaré "ciudad primaria".[19]

A continuación se presenta un diagrama de los tipos de asentamientos en la subregión integrada por las ciudades de Cuernavaca y Cuautla. Incluyo únicamente las aldeas del municipio de Tepoztlán, y excluyo los municipios al sur de las dos ciudades regionales y los poblados menores de cada municipio porque son de poco interés para este estudio.

Al analizar la figura 1 debe notarse que, desde el punto de vista de los mercados, los distintos tipos de asentamientos humanos tienden a estar orientados a

[19] Las "aldeas" corresponden *grosso modo* a los "mercados menores" de Skinner, en tanto que los "pueblos" serían "mercados estándares". He respetado la terminología de Skinner en los casos de los "mercados centrales" y de las "ciudades regionales". La "ciudad primaria" es, desde luego, un fenómeno *sui generis*.

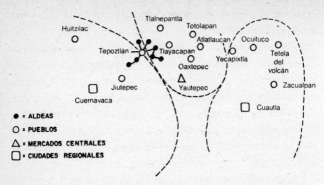

FIGURA 1. *Tipos de asentamientos en el centro y norte de Morelos.*

establecer relaciones con asentamientos en niveles *diferentes* al suyo propio. Desde el punto de vista de la distribución de productos, las aldeas de Tepoztlán tienen poco interés la una con respecto a la otra; están orientadas hacia el mercado de Tepoztlán o el de algún otro pueblo (como Tlayacapan), mercado central (principalmente Yautepec), o ciudad regional (Cuernavaca). Asimismo, el pueblo de Tepoztlán está orientado a sus aldeas dependientes y a Yautepec, Cuernavaca y México —su relación con otros *pueblos* es una de competencia o indiferencia, pero no de interdependencia.

Competencia entre niveles

La competencia entre *aldeas* en general es por el control de la tierra, y no por el acceso a los mercados.

50

Como la aldea es el nivel inferior en la jerarquía de lugares, esto no es de extrañarse: se trata de poblados que están compuestos esencialmente de productores agrícolas, en los que no existe una clase comerciante ni de intermediarios. Por esto la competencia entre aldeas es por el control de los medios de producción (normalmente tierra o agua). Las aldeas están ligadas entre sí solamente por contigüidad geográfica o a través de la mediación de otro tipo de centro (normalmente un pueblo).

Los pueblos, en cambio, están en competencia entre sí sobre todo por el mantenimiento de la esfera de influencia de sus mercados (es decir, por recibir el beneficio del comercio con las aldeas circunvecinas). A diferencia de las aldeas, los pueblos tienen una clase de comerciantes, normalmente poderosa en la vida del pueblo, así como instituciones gubernamentales que dependen de los impuestos que deja el comercio. Por esto, está en el interés de ciertas clases poderosas así como, en realidad, del pueblo como un todo, ya que es un beneficio para un campesino tener cerca un mercado grande bien surtido y concurrido, el mantener una posición relativamente favorable frente a otros pueblos.

Sin embargo, esta competencia entre pueblos (siempre entre pueblos contiguos, claro está) normalmente es controlada por el sistema de mercados periódicos —semanales en el caso de Morelos—. Este sistema de mercados semanales transforma la competencia en interdependencia, al impedir que pueblos cercanos tengan un mismo día de mercado. Esto permite también que un grupo de mercaderes surta a toda la zona de ciertos productos importantes que no son producidos en muchos pueblos, tales como ropa barata, productos de alfarería, etcétera. Se pueden trazar las rutas que siguen los comerciantes conociendo los días de la semana en que caen los mercados de la zona. Normalmente los pueblos que podrían competir por las mismas clientelas tienen días de mercado diferentes. Así, por ejemplo, Tlayacapan tiene su mercado los sábados. Totolapan los domingos. Tlalnepantla los miércoles y Atlatlahucan los lunes. Estos cuatro pueblos han sustituido la competencia por la interdependencia. En cambio, su relación con Tepoztlán, que es de mayor distancia y de una competenca quizá mayor, está manifiesta en el hecho de que sus días de mercado coinciden: Tepoztlán tiene dos días semanales de mercado, los domingos y los miércoles.[21]

El siguiente nivel de la jerarquía, el de los mercados centrales, es escaso en Morelos, y por esto es difícil hablar de competencia entre mercados centrales. Este tipo de asentamiento sólo puede surgir en situaciones constreñidas, y no tienden a estar contiguos los unos a

[21] Quizá sea importante anotar aquí, aunque no es asunto de importancia para el estudio de Tepoztlán, que los pueblos que están en los ricos alrededores de las ciudades, en vez de en la zona marginal, tienen una composición social enteramente distinta a la de éstos. Esto desde luego se refleja en las características y estructura de sus mercados. En efecto, los pueblos de las tierras bajas no son, o son en mucho menor grado, campesinos. La mayor parte de su población es un proletariado rural que no produce para su propia subsistencia. Por ello es de suponerse que el mercado interno para todo tipo de productos es mayor en estos pueblos.

los otros; por lo tanto, no hay una competencia importante entre ellos. Los mercados centrales son poblados mayores que los pueblos, pero menores que las ciudades regionales; al igual que éstas, se encuentran en las zonas ricas, que los surten de productos y de compradores. Sin embargo, el tamaño de las superficies que dependen de este tipo de asentamiento es menor, y normalmente se encuentra entre dos ciudades que no lo alcanzan a cubrir adecuadamente.

Como los mercados centrales sólo surgen en zonas insuficientemente cubiertas por las grandes ciudades, el nivel con el que se encuentra en competencia es el de la ciudad por un lado y el pueblo por el otro. En Morelos no hay mercados centrales en situación de contigüidad. El éxito que tengan en su competencia con las ciudades y los pueblos depende de varios factores: la distancia relativa entre sus pueblos dependientes y las ciudades más cercanas a éstos, y el tamaño de la población del mercado central mismo (que depende de la riqueza de la agricultura y de la industria en la zona). Un ejemplo ilustrativo es Yautepec. Este centro ocupa un nicho que no está totalmente dominado ni por Cuernavaca ni por Cuautla; compite con Cuernavaca por el mercado de Tepoztlán, y con Cuautla por el de Tlayacapan. Pero la existencia misma de Yautepec como centro importante depende de la gran riqueza y población que posee dentro del mismo municipio.[22]

[22] El caso de Jojutla, que es el otro mercado central principal del estado, difiere un poco de Yautepec por estar más separado de Cuernavaca y de Cuautla, haciendo su dominio regional quizá menos problemático.

El siguiente nivel es el de las ciudades regionales. La competencia entre Cuautla y Cuernavaca es por el control comercial sobre muchos pueblos, aldeas y mercados centrales; por ser el intermediario principal entre estos poblados y la ciudad de México; y por mantener atractivos para la inversión de capitales regionales y nacionales. Tradicionalmente estas dos ciudades han tenido zonas de influencia bien distintas: Cuautla es el mercado principal de los pueblos del este (incluyendo el sur y el noreste), y Cuernavaca del oeste. Como se puede observar, hay contigüidad entre las zonas de influencia de estas dos ciudades, y por lo tanto hay competencia entre ellas. En las últimas décadas Cuernavaca ha crecido más rápidamente que Cuautla, y el área de influencia de esta ciudad ha disminuido correspondientemente. La figura siguiente (2) resume gráficamente la estructura de la región desde la perspectiva de la distribución de productos.

He afirmado que cada asentamiento está en competencia con los poblados vecinos de su mismo nivel, y que, al mismo tiempo, suele tener una relación de interdependencia con poblados en niveles superiores e inferiores. Debo aclarar, eso sí, que también existe competencia entre poblados de *distintos* niveles. Ésta se da sobre todo en periodos de cambios tecnológicos u organizacionales, aun cuando algún avance técnico o de comunicaciones hace accesible nuevos mercados a los niveles superiores de la jerarquía, o bien cuando el derrumbe de una organización estatal incrementa la independencia mercantil de los niveles inferiores. Por ejemplo, una nueva carretera puede independizar a

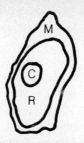

C = CIUDAD REGIONAL
R = TIERRAS RICAS
M = TIERRAS MARGINALES

M-M. Intercambio de productos agrícolas locales entre aldeas y pueblos.

M-R. Intercambio de trabajo por productos básicos y por dinero.

M-C. Intercambio de trabajo por dinero. Intercambio de dinero por productos manufacturados.

R-R. Intercambio de trabajo por dinero para subsistir. Intercambio de productos agrícolas locales.

R-C. Intercambio de productos agrícolas por dinero y productos manufacturados.

C-C. Intercambio de distintos tipos de productos industriales.

Figura 2.

muchas aldeas del pueblo que las dominaba comercialmente, haciendo que el mercado de este pueblo disminuya o desaparezca. También es posible, en una revolución, digamos, que las ciudades regionales pierdan sus capitales y las redes de comunicaciones de las que dependían, permitiendo que los mercados a niveles inferiores crezcan.

ESTRUCTURA DE CLASES EN EL ESPACIO REGIONAL

Es importante notar que, debido a la distribución espacial de los diferentes factores económicos de la región, existe una composición de clases que varía en el espacio. Esto hace que la problemática y la política de cada zona en la región tenga características específicas de su posición en el sistema regional total.

Desde el punto de vista de clases sociales, nuestra zona marginal está caracterizada como meramente campesina. Se trata de áreas en las que predomina una agricultura de subsistencia, donde la familia es una unidad de producción agrícola de mucha importancia (véase mapa 5); la propiedad de las familias campesinas es fragmentaria, o bien, es comunal. Las clases altas en estas localidades son, en términos generales, medianos propietarios de tierra y pequeños o medianos comercios locales. En ningún sentido forman parte de las élites económicas regionales.

Por otra parte, la zona de la tierra rica está caracterizada por una agricultura capitalista en que la relación de producción que predomina es de peón asalariado/propietario capitalista, o bien la de ejidatario/ingenio azucarero (privado o del Estado), aunque claramente existen diferencias entre estos dos casos. Las élites de esta zona forman una clase capitalista de importancia a nivel regional. Asimismo, los comerciantes son más poderosos que en las tierras pobres porque la falta de producción para la subsistencia y la existencia de una clase asalariada numerosa provoca un comercio más vivo e importante, y simplemente porque hay más dinero en esta zona.

Los grandes centros urbanos, naturalmente, se caracterizan sobre todo por relaciones de tipo capitalista tradicional, aunque también hay en ellas relaciones de producción enteramente distintas y características de las ciudades mexicanas; a saber, las relaciones económicas que se dan entre los llamados "marginados". En las ciudades están las élites políticas que determinan mucho de lo que pasa en los pueblos, así como parte de la élite económica que representa el sector más dinámico de la economía morelense (es decir, la industria y los servicios).

La figura 3 muestra las relaciones de producción que caracterizan a cada una de nuestras tres zonas (ciudades, tierras ricas y tierras maginales), y las relaciones en que se articulan.

LA REGIÓN POLITICOADMINISTRATIVA

Terminamos nuestro análisis de la integración de la región con el aspecto que, de cierta manera, es el fundamental para su definición. En efecto, Morelos en sí no es una sola región económica sino dos: la región integrada por la ciudad de Cuautla (el oriente de Morelos) y la que tiene a Cuernavaca como centro

C = CIUDAD REGIONAL
R = TIERRAS RICAS
M = TIERRAS MARGINALES

en M: Relaciones de producción al interior del grupo doméstico y entre compadres, etcétera.

Relaciones asalariadas hacia la élite local.

Relaciones de asalariados hacia terratenientes en R.

Relaciones de asalariados hacia industriales en C.

en R: Relación de asalariados frente a terratenientes locales.

Relación de asalariados entre peones y ejidatarios ricos.

Relación ejidatario/ingenio (especie de maquila).

en C: Relación de asalariados frente al capital industrial.

Relación de asalariados frente al sector público o al sector terciario.

Trabajan por su cuenta (marginados).

FIGURA 3. *Relaciones de producción en el espacio regional.*

(el occidente). También ya señalamos que la región de Cuautla rebasa la frontera del estado, y que algunos pueblos del norte están casi tan orientados al Distrito Federal como a las ciudades morelenses. Si hablamos de una sola región de Morelos y no de las de Cuernavaca y Cuautla en su sentido económico más estricto, es porque constituye una región en el sentido administrativo: a saber, Morelos es un estado de la federación mexicana.

Para entender la organización administrativa vale la pena empezar por las formalidades: el estado de Morelos está dividido en 32 municipalidades libres. Cada una de éstas tiene tres regidores (presidente municipal, síndico y regidor de hacienda), y una cantidad variable de cargos menores como tesorero, juez menor, o policías. El municipio es el nivel inferior de la jerarquía territorial administrativa, y el ayuntamiento de cada municipio constituye el nivel inferior de los poderes ejecutivos (presidente municipal), legislativos (el ayuntamiento como un todo), y judiciales (el síndico procurador, el juez menor, y, muy frecuentemente, el mismo presidente municipal).

No existe ningún poder administrativo entre el nivel del municipio y el del estado como un todo. Es decir, el funcionario ejecutivo que está en el nivel inmediato superior al presidente municipal es el gobernador del estado, y el nivel legislativo inmediato superior al ayuntamiento es el Congreso del estado. Sin embargo, existe un sistema de distritos electorales (hay siete en Morelos, con cabeceras en Cuernavaca, Tetecala, Puente de Ixtla, Jojutla, Yautepec, Cuautla y Jonacatepec) que agrupa a varios municipios y sirve para la selección de diputados y senadores estatales.[23]

El poder supremo del estado está formalmente en manos del gobernador, el Congreso y la Suprema Corte estatal. Teóricamente el poder independiente tanto del gobierno del estado como de los municipios reside en su capacidad de gravar impuestos; con el dinero que se percibe de éstos se integrarían las regiones político-administrativas. Esto propicia formalmente al menos, una autonomía política muy importante para cada municipio.

Sin embargo, en realidad Morelos es una región bastante centralizada. Esto se debe a dos factores principales:

1. Los municipios libres están sujetos a que sus presupuestos sean ratificados por el Congreso del estado; y

2. El gobernador tiene el poder real de dictar, o cuando menos de influir fuertemente en la selección, tanto de los regidores municipales como de los diputados y senadores estatales.

Así, la región está integrada a través de un sistema administrativo que es *de jure* descentralizado, aunque *de facto* es altamente centralizado y por ello la planificación del desarrollo se puede hacer con efectividad desde Cuernavaca.

Esta organización política centralizada tiene concordancias y diferencias con la organización jerárquica de

[23] Debido al poder extralegal de éstos, el distrito es también en alguna medida una unidad ejecutiva. Sin embargo, esta unidad no tiene la improtancia organizativa del municipio o del estado.

la economía que hemos delineado en secciones anteriores. Volviendo a nuestra jerarquía de asentamientos humanos, por ejemplo, resalta el hecho de que las cabeceras municipales son generalmente los poblados más importantes en la jerarquía de mercados. Así, el nivel de las "aldeas" no cuenta con ninguna cabecera municipal; en cambio muchos "pueblos" son cabeceras, sobre todo en las zonas marginales, donde éstos son sin duda los asentamientos comercialmente más importantes. Cuando se trata de los municipios más ricos es frecuente que las cabeceras municipales sean ciudades regionales o mercados centrales y que los pueblos pasen a un segundo plano en la jerarquía administrativa. Así, por ejemplo, el pueblo de Oaxtepec depende a nivel administrativo del mercado central de Yautepec, que es la cabecera del municipio al que ambos pertenecen.

La coincidencia entre la estructura económica y la organización administrativa de la región hace que estas estructuras se fortalezcan mutuamente: la importancia económica de una ciudad se mantiene por decisiones políticas, y la importancia política de un poblado resulta de su poderío económico. Los municipios más ricos son de importancia crítica para el gobierno, y por ello invierte de una forma desproporcionadamente alta en ellos. La existencia de mejores obras de infraestructura (que son el resultado de la mayor inversión gubernamental) hace que las ciudades más ricas sean más atractivas para la inversión, y así sigue el ciclo...

Sin embargo, hay que señalar aquí que las dos estructuras jerárquicas que venimos considerando (la económica y la política) tienen naturalezas diferentes y que, por lo tanto, existen discordancias importantes entre ellas: la distinción principal está en que en la estructura política no existe ningún intermediario entre el municipio y el gobierno del estado. El resultado es que pueblos que dependen comercialmente de, digamos, Cuautla, políticamente dependen sólo de Cuernavaca. Y aunque Cuautla sea políticamente más importante que el pueblo en cuestión, esta mayor importancia se refleja en que tenga recursos fiscales más altos y no en una dominación política sobre dicho pueblo. La estructura política de Morelos es más centralizada que la económica: existen *dos* ciudades que integran económicamente a la región, mientras que hay sólo *una* que la rige políticamente.

Una forma más general de plantear este problema es que no todos los poblados que dependen *administrativamente* de una cabecera municipal dependen *económicamente* de la misma. En efecto, desde el punto de vista de cualquier poblado, el centro económico y el centro político no siempre coinciden . Esta es la causa de muchas fricciones políticas entre pueblos en todo el estado, que normalmente se expresan en el deseo de un pueblo de independizarse de su cabecera y de formar un municipio aparte.

Un último señalamiento respecto de las estructuras económicas y políticas: hay que mantener presente que, si hay una gran coincidencia entre lo político y lo económico *al interior* de Morelos, también la hay entre la región como un todo y "la sociedad nacional": la dominación económica de la ciudad de México sobre la producción global de la región va aparejada con el hecho de que el gobierno federal —omnipresente en la estructura política del estado— tiene su sede en el mismo México.

Hechas estas aclaraciones sincrónicas sobre la forma en que Morelos se integra como región, estamos listos para ver cómo Tepoztlán, el pueblo que nos ocupa, forma en sí mismo un minisistema de relaciones humanas, articulado en diversas formas con la región morelense y el Distrito Federal.

LA INTEGRACIÓN DEL MUNICIPIO

Desde hace muchos siglos lo que es ahora el municipio de Tepoztlán ha formado un pequeño territorio unido con una gran cantidad y variedad de interrelaciones entre sus pobladores. Las interacciones entre tepoztecos están basadas en una serie de intereses comunes que hacen posible analizar a Tepoztlán como una unidad sociológicamente significativa. Ya hemos visto cómo este territorio se inserta en el elaborado sistema regional de Morelos.

Antes que nada, el territorio llamado Tepoztlán es un municipio, es decir, forma una unidad politicoadministrativa. El municipio está compuesto por una cabecera (el pueblo de Tepoztlán) y siete congregaciones (las aldeas).

El municipio está regido por un ayuntamiento que consta de los habituales regidores: presidente, síndico y regidor de hacienda, más un secretario. un juez menor, un tesorero y dos policías. Cada aldea tiene su represenetante ante el ayuntamiento que, al igual que los regidores, es elegido por "el pueblo".

Este cuerpo administrativo tiene teóricamente el derecho de legislar y ejecutar obras al interior del territorio municipal. Sin embargo, este derecho está limitado por el Congreso del estado, que anualmente aprueba los presupuestos del municipio.

Otro aspecto fundamental para la conformación de Tepoztlán como unidad espacial es la tenencia de la tierra. En Tepoztlán han existido desde la época colonial dos regímenes de tenencia: el privado y el comunal.[24] A pesar de que la mayoría de las tierras arables son propiedad privada (véase Lewis, 1951:118), solamente un 5.4% de la superficie municipal está en manos particulares, 84.2% de las tierras restantes son comunales, y 10.4% son de un ejido de restitución.

La forma en que los grupos dominantes de la región mantenían a la población de las zonas marginales (como su "ejército agrícola de reserva") era a través de la dotación de tierras comunales que cubriera parte de las necesidades de subsistencia campesina.[25] La tierra co-

[24] A partir de 1929 existe en Tepoztlán un pequeño ejido que fue tierra comunal del municipio usurpada por la hacienda de Oacalco durante el porfiriato y restituido a Tepoztlán después de la revolución, en forma de ejido. Este tipo de propiedad será discutido más adelante, pero no es muy importante en el municipio.

[25] Una de las numerosas riquezas del estudio realizado por De la Peña en la zona está en cómo demostró que esta relación no era simple: había siempre algunos hacendados a quienes este arreglo les convenía más que a otros. En algunos

munal estaba (y está aún hoy) a título del municipio como un todo. Es decir que los pobladores del municipio son copropietarios y, al menos potencialmente, cousufructuarios de la propiedad comunal.

Este factor de importancia vital hace que la política municipal y el territorio total del municipio sean de sumo interés para *todas* las comunidades y pobladores de Tepoztlán. Además, el interés común de copropietarios junto con la vecindad entre pueblos (y al interior de la cabeecra entre barrios) ha propiciado el matrimonio entre tepoztecos. Los lazos entre paisanos copropietarios de tierra comunal son fortalecidos por relaciones de parentesco y compadrazgo entre pobladores de diferentes pueblos y barrios del municipio.

Otro nivel en el que interactúa la gente con intensidad es el barrio. El pueblo de Tepoztlán tiene, hoy en día, ocho barrios. Éstos son fracciones del pueblo en las que hay mucha gente que está emparentada entre sí. Los barrios están interrelacionados el uno con el otro, de una forma extremadamente compleja, pero que hoy en día se basa principalmente en relaciones de parentesco, tipo de economía de cada barrio, y relaciones de patronaje entre ricos y pobres del mismo barrio.[26] Así, la política municipal existe no sólo debido a un ordenamiento constitucional, sino también gracias a un sistema de propiedad y de parentesco que hace inter-

periodos fue el régimen colonial y la Iglesia —no los hacendados— los que mantuvieron funcionando a este sistema.

[26] La forma en que interactúan los barrios de Tepoztlán es extremadamente compleja y es tema especial de un artículo que estoy elaborando.

dependientes a los tepoztecos. Otro aspecto sociológico que propicia la integración del municipio es el sistema de mercados.

Én Tepoztlán, como en buena parte de Morelos, se hizo que las fronteras y organizaciones politicoadministrativas coincidieran con la organización y jerarquía económica del lugar, y ésta ha sido a su vez reforzada por aquéllas desde tiempos precolombinos.[27] En primer lugar, económicamente hablando el municipio está compuesto por siete aldeas y un pueblo. Tradicionalmente la economía de las siete aldeas giraba alrededor del mercado del pueblo, donde vendían sus excedentes agrícolas y compraban productos para su propio consumo. Esta jerarquía de mercados tiene yuxtapuesta la organización política municipal: las siete aldeas son congregaciones que políticamente están subordinadas a la cabecera (que es Tepoztlán propiamente dicho). Por otra parte, la dependencia de las aldeas del mercado de Tepoztlán se refleja tanto en el hecho de que este es un mercado bisemanal como en que, tradicionalmente al menos, cada congregación tenía su lugar fijo en el que ponía sus puestos dentro del mercado (Redfield, 1930:59). La dependencia comercial entre poblados del municipio no existe sólo porque Tepoztlán fue seleccionado para ser el pueblo donde se concentrara el comercio, sino también —como vimos en la

[27] Esto es lo que se quiere decir cuando se afirma que las regiones económicas son "indiscretas". En contraste, las regiones administrativas son "discretas" ya que el cambio de filiación jurídica no es fluido: una aldea pertenece a equis municipio y no a otro por una decisión política, sin discusión ulterior.

:ección de ecología— porque existen productos distintos en los diferentes poblados, estimulado el intercambio entre los mismos.

Las relaciones de dependencia comercial entre las congregaciones y la cabecera dependen de factores netamente históricos. Lo que lleva al habitante de la aldea a comprar o vender en el mercado de equis pueblo es la cercanía relativa de éste y el atractivo de la calidad, cantidad y precios de los productos en el mismo. Pues bien, si se construye un nuevo camino entre la aldea y otro pueblo o ciudad, de tal forma que ésta se encuentre a menor distancia del pueblo de mercado original, los habitantes de la aldea preferirán comprar y vender en el mercado más cercano.[28]

Así, a pesar de que las aldeas del municipio siguen dependiendo comercialmente de Tepoztlán para algunas cosas, ha habido un cambio de dependencia importante para algunas de ellas. Por ejemplo, cuando a finales del siglo pasado se construyó el ferrocarril México-Balsas, que pasa junto a la aldea de San Juan, ésta pasó a interactuar directamente con la ciudad de México para la compra y venta de muchos productos (principalmente leña), disminuyendo la proporción de su comercio con Tepoztlán. Algo semejante ha sucedido en Santa Catarina con la construcción de la carretera Tepoztlán-Cuernavaca que atraviesa la aldea.

[28] Gerhardt (1970) muestra que los límites del pequeño estado Tlahuica de Tepoz'lán no eran tan diferentes a los del Tepoztlán actual. Según viajeros del siglo XVI (véase: Del Paso y Troncoso, 1890:238-239), límites muy parecidos a los de hoy en día se respetaron después de la Conquista.

Por último, hay aún otro aspecto que ayuda a darle la base sociológica coherente al municipio, y es la organización de la Iglesia y del ritual. La organización espacial de la Iglesia católica en Tepoztlán se diseñó sobre la organización espacial de la economía y del gobierno. De ese modo la iglesia principal del municipio y el convento se construyeron en el centro de la cabecera, mientras que en cada aldea del municipio y en cada barrio de Tepoztlán se edificaron capillas de proporciones mucho más modestas. Ninguna de estas capillas ha contado con un sacerdote permanente; éste siempre ha oficiado en la iglesia principal. Desde su sede en el centro de Tepoztlán, el cura hace rondas a las capillas de los barrios y de las aldeas.[29]

Está claro que el municipio de Tepoztlán está integrado internamente a través de las delicadas interrelaciones entre la organización de la política, de la tenencia de la tierra, del ritual de la comunidad, del sistema de mercados, y de las relaciones de parentesco. Al mismo tiempo, el municipio se encuentra incorporado a una región de gran complejidad, en la que Tepoztlán ocupó tradicionalmente el papel de reserva de mano de obra. A pesar de las ricas interrelaciones entre pobladores del municipio, Tepoztlán rara vez ha logrado autoabastecerse de maíz —que es el producto de consumo esencial para la vida del tepozteco. Para ob-

[29] La integración de la comunidad de Tepoztlán a través del ritual y la religión es un tema de enorme complejidad que no está directamente relacionado con este estudio. Bock, 1980, tiene un artículo fascinante al respecto.

tener los productos de consumo básico, los tepoztecos
han tenido que vender su fuerza de trabajo en los valles, y así han contribuido a la rica producción agrícola
que sustenta la economía morelense.

II. CAMBIOS EN LAS FUERZAS PRODUCTIVAS

"PODER social" es la relación de dominación que existe entre dos o más individuos o grupos basada en el control diferencial sobre un objeto o recurso energético (Adams, 1975). Los objetos sobre los que se fincan las relaciones de poder son de índole muy variada, yendo desde recursos para la producción material (como tierra, agua o tractores) hasta recursos para la producción de símbolos (como el talento en la oratoria, el conocimiento esotérico de un brujo, o la capacidad de un abogado o político de generar leyes).

En análisis marxistas tradicionales se ha postulado una relación causal (frecuentemente disfrazada de "dialéctica") entre el tipo de producción material (llamada usualmente "base", "estructura", o "infraestructura") y lo que arriba llamé la producción de símbolos (llamada "sobreestructura" o "ideología", etcétera). Frecuentemente estas distinciones entre "base" y "superestructura" oscurecen más de lo que aclaran las relaciones de poder social, debido, en última instancia, a que consideran que la "superestructura" y "lo ideológico" no son también *procesos materiales* que pueden ser claves para la dominación. Considero que el aspecto de los sistemas sociales que un sociólogo debiera de considerar como fundamental es el de dominación, poder o hegemonía.

Estas relaciones ocurren importantemente a varios niveles, ninguno de los cuales se subordina mecánicamente al otro.[1]

La implicación de esta posición, que he derivado de marxistas ingleses como Raymond Williams o E. P. Thompson, es que hay que estudiar a la dominación en la totalidad de una sociedad y a través de un *proceso* histórico. Sin embargo, un libro no es una fotografía, en él no se puede englobar a "la totalidad" de un solo golpe; más bien un libro es en sí mismo un proceso en el que el autor tiene que desenvolver —en algún orden cronológico y lógico— la totalidad que percibe. Empero, ningún orden cronológico o lógico es el *único* orden posible para aproximarse al todo complejo que es la sociedad. Quiero decir que si empiezo un argumento donde lo empiezo no es necesariamente porque haya tenido la necesidad teórica de escoger ese punto específico, sino porque necesito empezar en alguna parte. Así, hay que subrayar que mi punto de partida fue escogido más por razones heurísticas que por imperativos teóricos.

Basta de justificaciones y preliminares. En este capítulo he decidido describir la entrada a Tepoztlán de los recursos de poder necesarios para la producción material. Al no poder imprimir instantáneamente todo mi argumento, excluyo aquí la descripción histórica de

[1] Raymond Williams (1977) afirma que la división base/sobrestructura es en realidad una herencia del idealismo, y que todo materialista debiera de reconocer que las ideas son *también* procesos materiales, y no las efímeras sombras de la realidad proyectadas en nuestras cavernosas mentes.

los objetos que se usan para la dominación simbólica y me limito a aquellos que son la base para la *producción material*. Por ejemplo, si buscara los recursos de poder usados en la producción campesina de los hogares tepoztecos, en este capítulo hablaría de la división técnica del trabajo productivo en la familia, de los cultivos y productos que se consumen, y de las técnicas con que se producen. No hablaría en cambio acerca de quién y cómo se producen los símbolos de dominación y cooperación al interior de las casas, ni de las concepciones sociales que están en juego, ni tampoco de la forma en que se logra dicha dominación o de cómo se mantienen las creencias relevantes. Estos son aspectos que se desenvuelven en secciones posteriores.

Utilizo el concepto de "fuerzas productivas" para referirme a todos aquellos recursos que sirven para la producción de un valor de uso material. Esta noción incluye, entonces, la tecnología, recursos naturales, conocimiento tecnológico, división técnica del trabajo, y la cantidad de fuerza de trabajo disponible (tasas demográficas). A pesar de las dificultades que esto implica, en este capítulo intento anotar, cuando es posible, los cambios cuantitativos y cualitativos en las fuerzas productivas, aunque siempre haciendo énfasis en los aspectos cualitativos.

LAS FUERZAS PRODUCTIVAS: ANTECEDENTES DE 1500 A 1875

El problema de las estructuras de poder en la Colonia y en la primera mitad del siglo XIX es de importancia fundamental para la solución de muchos enigmas de la sociología del Tepoztlán moderno. Sin embargo, la riqueza de los datos con que cuento para este periodo es inversamente proporcional a su importancia. Esta descripción se basa principalmente en fuentes secundarias que *no cubren* la historia completa del periodo en cuestión. Cuento con excelentes datos sobre el siglo xvi (unos publicados en una serie de artículos por Pedro Carrasco, 1964, 1976; otros en la *Relación de Tepoztlán* escrita en 1580 y publicada en: Del Paso y Troncoso, 1890; y datos sobre población en: López de Velazco, 1971, y Lewis, 1951; datos sobre la situación precolombina en: Gerhardt, 1970, 1972, y en Lewis, 1951). Sin embargo, hasta donde sé, no existen más fuentes publicadas que traten a Tepoztlán en la época comprendida entre el siglo xvii y el porfiriato. Para suplir esta deficiencia documental he echado mano a algunos de los numerosos estudios históricos de la región —algunos de los cuales mencionan tangencialmente a Tepoztlán o tratan con poblados en posiciones estructurales análogas.[2]

[2] Entre estos están el estudio de De la Peña, 1980; Barret, 1970; Riley, 1973; Chevalier, 1952; Warman, 1976; López M., 1974; y Lockhart, 1978. Es altamente probable que exista en los numerosos archivos de la ciudad de México y Cuernavaca una gran riqueza de documentos de los siglos xvii y xviii; su exploración sería una aportación importante para realmente nutrir de datos el esqueleto histórico que aquí presento.

Cuando Cortés y sus hombres pasaron por Tepoztlán en 1520, el pueblo era la cabecera de un pequeño estado tlahuica que rendía tributo a los mexica (Gerhardt, 1970:35). Las fronteras de Tepoztlán parecen haber sido poco más extensas que las del municipio actual. Sin embargo, la población y los patrones de asentamiento eran bien distintos a los de épocas posteriores: con base en datos proporcionados por Carrasco (1964 y 1976) he calculado que la población de Tepoztlán alrededor de 1540 era aproximadamente de 12 024 habitantes;[3] sabemos que para 1567 era de 10 870 (Lewis, 1951:27).[4] O sea que la población de Tepoztlán está recién en 1980 recuperando el volumen que tenía en el siglo XVI. En cuanto al patrón de asentamiento sabemos que era mucho más disperso que hoy en día.[5]

[3] Esta cifra fue calculada combinando los datos de los dos artículos de Carrasco. Sabemos que había en Tepoztlán un total de 3 200 casados. Sabemos también que en el barrio de Tlacatecpan había 825 casados y una población total de 3 100 habitantes. Esto significa que en Tlacatecpan la proporción de casados a habitantes era de uno en 3.75. He aplicado esta misma proporción a Tepoztlán como un todo para obtener un total de 12 024 habitantes.

[4] Lewis dice que este nivel de población indicaría, según los cálculos de Simpson y Cook, que la población prehispánica era de alrededor de 17 000 habitantes (p. 28), pero Lewis mismo no cree que haya sido tan elevada. La cifra calculada con base en los datos de Carrasco tendería a confirmar su opinión.

[5] Lewis demuestra esto recurriendo a trabajos arqueológicos y etnohistóricos en el AGN. Su libro contiene un mapa en el

El implemento de cultivo en la época precolombina habrá sido la coa, que usan algunos tepoztecos aún hoy día en la agricultura de quema y roza. Los cultivos principales eran probablemente maíz y maguey (Del Paso y Troncoso, 1890:247), además de los numerosos frutales que se siguen dando actualmente.

La alta población del área y la inexistencia del arado me llevan a postular que en Tepoztlán existían sistemas de irrigación que permitían más de una cosecha anual. Existe evidencia de obras de irrigación en los pueblos vecinos de Tlalnepantla-Cuautence y de Tlayacapan (De la Peña, 1980), y estos pueblos probablemente se encontraban en una situación estructuralmente muy parecida a la de Tepoztlán con respecto a la economía política azteca. Así, no es improbable que haya habido obras de irrigación en Tepoztlán.

En cuanto a los sistemas de transportes, existían únicamente los *tamemes*, o cargadores humanos. Esto hizo, sin duda, que Tepoztlán estuviese relativamente más lejos de Cuernavaca y de México que en épocas posteriores, cuando el caballo y la mula aligeraban los caminos. Sin embargo, la diferencia en sistemas de transporte entre la época prehispánica y la Colonia para Tepoztlán no habrá sido muy notable; el camino a México era lo suficientemente empinado como para que las distancias a caballo no fuesen mucho más cortas que las de a pie. En general se dice que la gente demoraba un día entero para llegar a México (sin bultos

que localiza los asentamientos precolombinos que durante el siglo XVI fueron reconcentrados en lo que es ahora el pueblo de Tepoztlán.

a cuesta) y unas cuatro o cinco horas a Cuernavaca. En la *Relación de Tepoztlán* de 1580 se dice que

> ...esta villa de Tepuztlán está dose leguas de la ciudad de México ... serán las ocho leguas dellas de mal camyno de sierra e piedras, y las tres de camyno llano. ... tiene así mesmo por comarcanos a la villa de Cuahunavac de Marqués del Valle: dizen aver y estar desta villa tres leguas buenas, y de mal camino de piedras será media legua ... tiene asimismo por comarcanos a la villa de Yautepeque del dicho marqués, está al mediodía desta villa y dista della dos leguas y media buenas, y una e media de piedras cuesta abaxo ... tiene asimismo por comarcano al pueblo de Tlayacapan ques de la Real Corona ... y dista desta villa por la sierra una legua buena y de mal camyno para gente de a pie, y yendo rodeado ay dos leguas... (pp. 239-240).

Es muy posible que la gente en la época precolombina haya usado sobre todo las rutas "de mal camino" descritas arriba.

En cuanto al sistema de mercado, no sabemos —aunque es altamente probable que sí haya habido— si había un ciclo regular de mercados que tuviera a Tepoztlán como uno de sus puntos. Ciertamente deben de haber habido algunos tianguis asociados con el culto del dios Ome Tochtli (dios del pulque y deidad de Tepoztlán), cuya fama se extendía por el territorio azteca y hacía de Tepoztlán un centro de peregrinación. Además debe de haber habido un sistema regular de mercados periódicos basado en los calendarios aztecas (había en el Valle de México mercados de cada cinco días, de cada nueve días, de cada veinte días y en días de fiesta especiales).

Poco sabemos de las ideas e ideologías que hayan existido en Tepoztlán antes de la Conquista, y sobre todo de las ideas que intervenían directamente en el proceso de la producción social. En este terreno es difícil aventurarse a afirmar más que lo obvio, a saber, que tenían ideas elaboradas sobre sistemas agrícolas y sobre las calendas que eran indispensables para mantenerse en su nivel evolutivo, que tenían algunas ideologías legitimantes de jerarquías sociales (que permitían no sólo extraer tributo, sino organizar trabajo para la construcción de templos, obras hidráulicas, etcétera), y que había ideologías de parentesco (patrilineales con residencia virilocal) que facilitaban la organización del trabajo.

Es probable que las formas ideológicas precisas en que se hayan expresado estas relaciones en Tepoztlán hayan sido parecidas a las que conocemos de los aztecas. Ya para 1521 los tepoztecos llevaban cerca de cien años bajo el dominio azteca, tiempo suficiente como para asimilar cuando menos el cascarón del sistema ideológico de éstos. En el caso de los aztecas, un cuerpo ideológico altamente elaborado y complejo sintetizaba las ideas sobre jerarquías socales, dominación entre grupos, y organizaciones del trabajo. Dicha síntesis se lograba en el cuerpo conocimientos que usualmente llamamos "religión". Éste es, ciertamente, un tema que amerita más explotación antropológica para el caso de Tepoztlán.[6]

[6] Uno de los grandes libros que han aparecido sobre México en los últimos años trata de este tema y revoluciona

De esta manera, los españoles encontraron en Tepoztlán un sistema de producción que ya contaba con mecanismos complejos de trabajo organizado (basado principalmente en el sistema de parentesco y en las ideologías y tecnología, coordinados por el aparato estatal), de tributo y de mercados. También encuentran a un pueblo diestro en ciertos tipos de agricultura, con una población relativamente densa. Estos aspectos de las fuerzas productivas de la época prehispánica serían reorganizados para conformar lo que podría llamarse "el sistema colonial".

La Conquista significó para Tepoztlán una revolución tecnológica en la que el uso de los recursos productivos se alteró considerablemente: se introdujeron nuevas técnicas productivas que los tlahuicas no conocían; otras fuerzas productivas que eran nativas cambiaron de uso, en tanto que otras se mantuvieron en sus antiguas funciones.

Uno de los cambios fundamentales en las fuerzas productivas fue la disminución tremenda que hubo en la fuerza de trabajo disponible. Los datos que tenemos indican que alrededor del año de 1540 había aproximadamente 12 024 tepoztecos; en 1590 quedaban úni-

nuestro conocimiento de la religión azteca. Me refiero al estudio de Eva Hunt (1977), aún sin traducción al español. En este trabajo Hunt reanaliza el sistema ideológico azteca utilizando herramientas antropológicas forjadas por Levi-Strauss y Víctor Turner; los resultados son impresionantes. En un artículo aparte estoy usando una serie de pistas culturales para demostrar que el mismo aparato analítico es aplicable al caso de Tepoztlán, cuando menos en una parte significativa.

camente 6 300, y para principios del siglo XIX —en 1807— eran sólo 2 540. La muerte masiva fue causada por epidemias que la explotación y los desajustes resultado de la Conquista habrán acentuado. El oidor que escribió la *Relación de Tepoztlán* anota descaradamente que

> ...en tiempo antiguo dizen que bibian muy sanos, más que agora, y que hallan ellos que lo causan dos causas, ... que antiguamente los hazían trabajar mucho, que no los dejaban holgar un momento y dormyan en una tabla, y que agora huelgan mucho e trabajan poco, y eso que trabajan es a fuerza de ser rrenydos y amenaçados, y es ya medio día quando salen a trabajar (p. 245).

Lo más seguro es que lo cierto haya sido lo contrario. En todo caso, la drástica disminución de la población tendría efectos importantes sobre la organización del trabajo y de la tecnología.

La principal innovación agrícola de la época fue el arado criollo. El método de cultivo moderno con el arado está descrito en detalle por Lewis (1951) que nos dice que "las herramientas básicas para la agricultura con arado son el hacha, el arado, el machete, y el azadón. Se utilizan dos tipos de arados: el criollo (de madera) y el arado poleo (de acero)" (p. 132). El arado de acero se introdujo a Tepoztlán en el siglo XIX y no nos concierne aquí, pero parece ser que el ciclo de trabajo con el arado criollo —si bien era menos eficiente— era parecido al que describe Lewis para la mezcla moderna entre arados criollos y de acero: el ciclo agrícola comienza con el "barbecho" si la parcela no ha sido cultivada en algunos años, o con el "tercer arado" si fue cultivado el año anterior. En el barbecho se trata de quebrar tierra nueva y quitar la hierba que sobre ella crece, el "tercer arado" simplemente remueve la tierra de tal forma que se agote menos con los usos sucesivos. Luego del barbecho sigue la siembra; seguida por una serie de dos o tres "beneficios" en los que se vuelve a pasar el arado para mejorar los surcos y para proteger a las plantas del viento. De ahí en adelante se le da cuidado ocasional a la milpa, principalmente evitando que la invadan las hierbas. En diciembre comienza la cosecha; primero se quitan las hojas del elote que se usan para envolver tamales, y luego los elotes mismos. Según Lewis, una hectárea de maíz sembrada con arados requiere en Tepoztlán de un promedio de 50 días-hombre de trabajo, pero varias de las tareas implícitas en este cálculo requieren de más de un trabajador a la vez, de tal forma que "hay sólo alrededor de 35 días de trabajo en un predio de una hectárea por cualquier hombre dado" (*Ibid.*, p. 144). Es probable que la cantidad de horas dedicadas al cultivo antes de la introducción del arado de acero haya sido mayor.

Junto con la introducción del arado hubo cambios tecnológicos que afectaron la agricultura basada en la coa (que era la única que conocían los tepoltecos). La introducción del machete y del azadón habrán hecho más eficiente el trabajo. El sistema de trabajo basado en la coa se conoce en Tepoztlán como *tlacolol* y tiene un ciclo de trabajo más largo y más arduo que el del arado, además de que la superficie cultivable por una familia mexicana no pasa de dos a tres hectáreas.[7]

Así, la ventaja productiva del arado sobre la coa es que permite un gran ahorro de mano de obra por hectárea sembrada. Es difícil saber si habrá habido una diferencia en rendimientos entre estos dos sistemas agrícolas en la época en que ambos competían por las mismas tierras. Lo cierto es que, hoy en día, es el sistema de *tlacolol* el que rinde más; esto se debe a que la agricultura de *tlacolol* se hace en tierras accidentadas que no se pueden utilizar más de dos años seguidos sin largo lapso de descanso. Así, la fertilidad de las tierras de *tlacolol* es más alta que las de arado porque la tierra no está tan agotada. Es difícil saber, en igualdad de circunstancias, cuál de los dos sistemas sería el más productivo por hectárea sembrada.

De esta manera, con la introducción del arado se hizo más evidente la diferencia entre las tierras más accidentadas y las que lo eran menos, ya que en unas se siguió usando la coa mientras que en las otras se usó el arado —permitiendo el cultivo de mayores extensiones bajo el mando de menos propietarios. En el próximo capítulo se verá cómo estas dos técnicas productivas fueron aparejadas con dos formas de tenencia y de relaciones de producción, dividiendo a Tepoztlán entre grupos con diferencias básicas de intereses y de ciclos de vida.

[7] Lewis (1949) analiza las diferencias de vida entre las familias que dependen del *tlacolol* y las que dependen del arado. Los ciclos agrícolas son bien distintos, y esto tiene efectos sociales que se mencionarán más adelante.

Además de los cambios en las *técnicas* productivas, los españoles también introdujeron nuevos productos que no existían en América antes de la Conquista. La *Relación de Tepoztlán* menciona que "los árboles de fruta de Castilla, que no se dan en este pueblo, sino es lima y naranja, y eso muy poco, porque no se da, y aunque han provado a plantar membrillo, granada, durazno, pera y mançana que no se han dado..." (p. 247). Sin embargo, esta relación es imprecisa en relación al éxito de estos productos ya que en las congregaciones de tierra fría de San Juan y de Santo Domingo, cultivos castellanos como la pera, la ciruela y la manzana se dan con bastante éxito. Además de estos frutos, también se introdujeron animales de gran importancia, como el puerco, la gallina, caballos, burros, bueyes y vacas. Sin embargo, no sabemos la fecha en que el ganado empezó a criarse en el pueblo. La *Relación* dice explícitamente que en 1580 aún no había más animales castellanos que el puerco, la gallina y "el perro" (p. 249).

Es evidente que —de estas innovaciones— fueron los animales los que tuvieron mayor efecto directo sobre Tepoztlán, aumentando la variedad de animales domésticos comestibles y, eventualmente, alterando los sistemas de transporte y de trabajo agrícola en forma substancial.[8] Además de éstos, cabe mencionar la introducción

---

[8] Creo que Tepoztlán no fue tan afectado por los trenes de carretas y el caballo como otros pueblos que eran nodulares en las rutas de comercio. Es altamente probable que los tepoztecos hayan seguido transportando mercancías sirviéndose de *tlamemes* hasta Cuernavaca y que *desde ahí* se transporta-

por Cortés de la caña de azúcar en el valle que, por el gran éxito comercial que tuvo, fue creando una división espacial del trabajo en la que Tepoztlán ocuparía lo que en el capítulo anterior llamamos una posición "marginal".

La orientación de Tepoztlán hacia los valles se reforzó no sólo por el uso de trabajadores tepoztecos en las plantaciones, ni únicamente por su cercanía física con los valles, sino también por su pertenencia *administrativa* al marquesado del valle, y al hecho de que el tributo de Tepoztlán fluyó siempre a Cuernavaca y no a México. La pertenencia al marquesado hizo posible la planeación del destino de Tepoztlán en la economía regional de Cuernavaca, y el desarrollo del pueblo como zona marginal ha dependido importantemente de la organización espacial de la economía morelense que se creó bajo el mando de los marqueses del valle.[9]

Si es que, como creo, en la época precolombina existían obras hidráulicas en Tepoztlán, fue en estos años que fueron abandonadas. Las razones de este abandono, en caso de haber sucedido, serían claras: por un lado la declinación de la población habrá creado una falta de mano de obra interna, y por el otro la mano de obra sobrante de la región se habrá empleado en los

ran en mula a México. Hasig (1979) ha mostrado que esto era, en general, lo que sucedió en Mesoamérica durante el siglo xvi; los *tlamemes* continuaron en uso en todas las rutas de transporte de importancia menor, y se conectaban con trenes de carretas en las rutas de mayor importancia.

[9] El libro de Riley (1973) muestra la organización espacial de la economía morelense.

valles a través del tributo en trabajo. Como se verá en la siguiente sección de este capítulo, la capacidad productiva del municipio con los métodos hispanos y una sola cosecha anual (es decir sin obras hidráulicas) es mucho menor que los requerimientos alimenticios de la población de la época precolombina o de principios del siglo XVI. Entre los nuevos métodos agrícolas y el nuevo empleo de la mano de obra tepozteca, Tepoztlán queda relegado a una posición extremadamente dependiente de las decisiones económicas tomadas en el centro de la región.

A nivel ideológico y de organización social también vale la pena anotar algunos cambios y constantes que afectaron el desarrollo de las fuerzas productivas: en primer lugar, el descenso en la población hizo que fuera más práctico para la administración española reconcentrar a los habitantes de los pueblitos en lo que hoy día es Tepoztlán. La crónica de 1580 da una lista de los poblados en la comarca, y sólo menciona a Tepoztlán y a las congregaciones del municipio moderno (menos Ixcatepec, que fue considerado un barrio de Tepoztlán hasta principios del siglo pasado); no hay mención alguna de los asentamientos precolombinos que sabemos que existieron sólo sesenta años antes.

De esta manera, Tepoztlán se convirtió en la cabecera de su comarca; ahí se instalaron las instituciones básicas del coloniaje: iglesia, plaza y convento. Además, se adoptó el diseño de barrios y manzanas modelado en España. Pero junto con estas innovaciones se mantuvo el sistema de linajes localizados llamado *calpulli*. En los documentos nahuas de la década de

1530 que tradujo Carrasco (1964, 1972, 1976) se habla de nueve grandes *calpultin* en Tepoztlán, cada uno de éstos con dos niveles de subdivisiones internas que también eran llamadas *calpultin*.

Es probable que los nueve *calpultin* grandes hayan formado, en un principio, nueve barrios que con la baja de población se habrán consolidado en siete o menos barrios (el número que sabemos que había para fines de la época colonial). Pero independientemente de la historia de los barrios en Tepoztlán, es claro que se mantuvo la organización indígena en liajes patrilineales localizados y se yuxtapuso a este sistema la organización de los barrios, mediante los cuales se extraía tributo, mano de obra, y se repartían tierras comunales.

Junto con el viejo sistema de parentesco y de la territorialidad de los linajes, los españoles mantuvieron durante todo el siglo XVI el sistema de estratificación social nativo. La población indígena se dividía entre los *macehuales* que tributaban directamente al marqués del valle, los *macehuales* que tributaban al *tlatoani* (o principal), los *pipiltin* (la nobleza), los renteros de los *macehuales* (*tequinanamique*), y los renteros de los *pipiltin* (también *tequinanamique*, aunque comúnmente se les llama *mayeques*).[10]

Esta organización será descrita en el capítulo siguiente, pero cabe notar que las ideas indígenas sobre estratificación se mantuvieron y se complementaron con las ideas españolas de propiedad privada y de la estratificación basada en el conocimiento de la fe cristiana. Así,

[10] Datos en: Carrasco, 1976.

las ideas sobre jerarquías sociales, naturaleza y religión fueron recombinadas por los españoles de tal forma que éstos pasaron a representar lo cultural, lo racional, y que los indios fueran identificados como lo natural, aquello que tiene que ser domesticado. Las categorías de "naturales" versus "gente de razón" ilustran este punto. Los indios necesitaban redimirse y abandonar sus "salvajes costumbres" a través de su conversión y de el servicio a sus salvadores espirituales: los españoles.

1700-1810

En la época media y tardía de la Colonia ocurrieron cambios sociales de gran importancia para la vida de los tepoztecos. Sin embargo, éstos no consistieron, en general, en cambios en las fuerzas productivas tanto como en el desarrollo social provocado por las nuevas relaciones de producción constituidas con base en la tecnología y organización de la producción introducida en el siglo XVI. Mis datos sobre cambios en las fuerzas productivas durante los siglos XVII y XVIII son escasos, muchas de las conclusiones que aquí presento se basan en la extrapolación de fenómenos posteriores hacia sus probables orígenes coloniales.

Sabemos que en el transcurso de estos siglos ocurrieron cambios tecnológicos en el cultvo del azúcar (Barret, 1970) que permitieron incrementos en su producción. También habrá habido fluctuaciones en la intensidad de la extracción de plata en las minas de Taxco (donde trabajaban algunos tepoztecos). Las fluctuaciones en la economía de exportación de la colonia han sido documentadas ampliamente por varios autores (Chevalier, 1952; Barret, 1970; Gunder Frank, 1979). Sin embargo, es probable que en la producción campesina de maíz y otros productos para el autoconsumo no haya habido en Tepoztlán cambios tecnológicos desde la introducción del arado.

Los cambios que podemos listar con más seguridad para esta época tienen que ver con la organización social y de la producción —la mayoría de los cuales serán analizados en el siguiente capítulo. Cabe notar aquí que fue en el transcurso de estos siglos que los tepoztecos fueron aprendiendo aspectos de la cultura hispana de gran importancia para su supervivencia económica. Uno de estos aspectos es la lengua castellana, que fue aprendida primero probablemente por la nobleza local (una buena documentación de este proceso en pueblos del valle de México está en: Lokhart, 1975), y que se haya ido extendiendo a todo el pueblo.[11] Otros aspectos igualmente importantes fueron el conocimiento del sistema legal y político español, que fue clave para proteger los bienes comunales del pueblo.

En cuanto a la cantidad de fuerza de trabajo disponible en la época, no tenemos datos de población entre 1590 y 1807, pero es muy posible que en Tepoztlán, al igual que en México en general, la población haya llegado a su punto más bajo a principios del siglo XVII, y que a partir de entonces se haya estabilizado o que incluso haya crecido un poco.

[11] Para una discusión de este proceso véase: Lomnitz-Adler, 1979 y De la Peña, 1980.

Así, se advierte que fuera del campo cultural no hubo innovaciones tecnológicas de importancia en Tepoztlán en estos siglos. Sin embargo, lo más seguro es que haya habido periodos con mayor o menor intensidad de producción de maíz o de trabajo en los valles. Estos ciclos deben de haber respondido a las demandas nacionales e internacionales de los productos del marquesado. Al final del capítulo hay un diagrama donde propongo tentativamente una serie de ciclos económicos de crecimiento y depresión.

1810-1875

Nada se sabe sobre los efectos en la organización del trabajo que provocó el movimiento independentista sobre Tepoztlán. Este importante periodo tuvo, sin duda, graves consecuencias en la productividad de la región, entre ellas la desorganización temporal del sistema productivo regional. El desajuste económico fue un efecto del nuevo estatus de nación que adquirió México: el sistema de clases basado en el trabajo forzado de los "indios" y en la esclavitud de los negros cesó, haciendo indispensable una reorganización de los sistemas de trabajo. Asimismo, el sistema de exportación de productos se vio temporalmente afectado, de tal forma que la producción de caña en el centro de Morelos disminuyó notablemente. Lo más probable es que esto haya significado que la dependencia de los tepoztecos respecto de la producción agrícola en *sus propias* tierras (comunales o particulares) se haya incrementado. El

periodo independiente significó para Tepoztlán un des-
ligue~de la economía regional hacia la que estaba orientado, y el fortalecimiento de su estatus de "comunidad".

La capacidad productiva de la tierra

Mucho he hablado ya de las limitaciones agrícolas del
municipio, a estas alturas ya es indispensable presentar
los datos al respecto. Mis fuentes son el detallado censo
elaborado en 1937 por Enrique Muris y los censos elaborados por los equipos de investigación dirigidos por
Lewis. En este terreno el estudio de Ávila (1969) resultó, sorprendentemente, poco útil.

A pesar de que Tepoztlán es uno de los municipios
mayores de Morelos (cuenta con 27 900 hectáreas), se
trata de un municipio en el que la tierra agrícola escasea: Lewis divide al municipio en cinco distintos tipos
de tierra: "monte" (que se utiliza, a veces ilegalmente,
para sacar madera y que cubre un 45% de la superficie total), "texcal" (que se usa para agricultura de
quema y roza y cubre el 10% de la superficie), "terrenos cerriles" (utilizados para que paste el ganado, ob-
tención de leña y *tlacolol*, que cubren 18% de la
superficie), "cerros" (12% de la superficie sin utilidad
económica alguna), y "terrenos arables de temporal"
(con 15% de la superficie total); (Lewis, 1951:18).[12]

[12] Estos cálculos coinciden *grosso modo* con los hechos por
el DAAC. Ávila (1969, 114) dice que hay suficiente tierra
para la subsistencia de todos los tepoztecos, con la idea de
que existe mucha tierra de *tlacolol* disponible para el cultivo;

Si traducimos estos porcentajes a cifras absolutas tendríamos que hay 4 185 hectáreas de tierra arable, 2 790 hectáreas de texcal, y 5 022 hectáreas de terrenos cerriles. Desde la Colonia hasta la década de 1950 el cultivo de la tierra arable estaba basado en el uso del arado (primero criollo, y luego criollo y de acero), no se utilizaban fertilizantes químicos, ni se contaba con riego de ninguna especie. En estas condiciones, el DAAC (1937) calculó que se requerirían 4 hectáreas arables para sostener una familia de cinco personas. Esto significa que, suponiendo una distribución equitativa de la tierra, el municipio tendría la capacidad de sostener un máximo de 1 046 jefes de familia, o 5 230 personas con base en la disponibilidad de tierra arable.

En cuanto a las tierras aptas para *tlacolol* (de quema y roza), son sin duda menos que la suma total de las tierras de texcal y cerriles ya que parte se usa para ganado; sin embargo, suponiendo que no fuera así habrían un total de 7 812 hectáreas libres para la explotación. Sin embargo, cada parcela de *tlacolol* puede ser cultivada un máximo de dos años consecutivos, tras de los cuales debe de permanecer en descanso aproximadamente diez años. Esto significa que un máximo de 2/12 (16.666%) de la superficie puede ser cultivado en cualquier año dado, o sea que hay un máximo de 1 302 hectáreas de tierra útil para *tlacolol* en cualquier año dado. Si calculamos que una familia puede cultivar un máximo de tres hectáreas (debido tanto a los

a pesar de la revolución tecnológica que estudió Ávila, según mis informantes la tierra arable sigue siendo escasa.

rendimientos relativamente más altos del *tlacolol* como al arduo trabajo implícito en la tarea) tenemos que hay tierras para 434 familias, o unas 2 170 personas.

En resumen, con métodos agrícolas tradicionales y *suponiendo una distribución equitativa de la tierra*, el municipio tiene la capacidad de mantener un máximo aproximado de 7 400 personas con base exclusivamente en la agricultura. La figura 4 provee los datos de población que dispongo para Tepoztlán, en la que se puede ver de inmediato los periodos en los que Tepoztlán tenía la *capacidad* de autoabastecerse en maíz —nótese que tener la capacidad no equivale a realmente *ser* autosuficiente.

FIGURA 4. *Datos de población.*

	Tepoztlán	Municipio
1530-1540:	12 024	
1567:	10 400	
1580:	5 865	7 613
1590:	?	6 300
1807:	2 540	?
1890:	4 163	8 589
1921:	2 156	3 745
1930:	2 580	4 714
1940:	3 230	6 034
1950:	3 900	7 264
1960:	4 314	8 265
1970:	6 815	12 855

Es interesante notar que, según los pocos datos que conocemos de la historia de esta área, los cambios significativos en las fuerzas productivas van ocurriendo siempre en el centro del sistema regional, en las tierras ricas, o en las industrias cañeras y mineras, de textiles, etcétera, y que, por otra parte, las fuerzas productivas en Tepoztlán (y en la economía de tipo marginal) parece haber cambiado poco.

Los cambios tecnológicos y de las fuerzas productivas en el centro del sistema regional afectan directamente a Tepoztlán, eso sí, ya que de ellos depende la intensidad de la interacción con dicho centro, determinando la cantidad de trabajo que sale del pueblo, la cantidad de tierra que es accesible al mismo, etcétera. Sin duda alguna el crecimiento o estancamiento de la producción en el centro de la región morelense dependió durante la Colonia de factores cíclicos en la demanda internacional de productos, la competencia con otros centros productores, etcétera.

En la poca independiente, la relación directa con el mercado internacional palideció temporalmente por las dificultades internas para la organización productiva (fue en esta época que, según reseña Barret, los marqueses del valle fueron hacia la bancarrota). Sin embargo, durante el porfiriato se estabilizaron nuevas formas de producción que coincidieron con una explosión en la demanda internacional por el azúcar morelense y con la introducción de nuevas formas de producción y

92

transporte, haciendo que Tepoztlán se volviera a abrir hacia el centro de la región.[13]

La época que nosotros denominamos "porfiriato" va aproximadamente de 1870 a 1910. En Morelos este periodo trae consigo una serie de cambios de trascendencia a nivel de la organización de la economía regional, los más importantes de los cuales son:

1) Un proceso de intensificación y tecnificación de la producción azucarera.

2) Un proceso de concentración de tierras que eliminaba el minifundio típico de los pueblos bajos, así como la producción para la subsistencia en tierras donde había producción de azúcar.

3) La agilización del comercio con el Distrito Federal.

Estas transformaciones tienen que ser comprendidas dentro del marco de una expansión de la explotación comercial de tipo capitalista en haciendas de Morelos. Esta expansión correspondió a la explosión en la demanda internacional del azúcar que data aproximadamente de 1870 (Womack, 1969:42) y al crecimiento del capitalismo en México en general, que fomentó la concentración de la propiedad privada y la construc-

[13] El trabajo de Skinner (1971) me ha servido para la conceptualización de Tepoztlán como una comunidad que "se abre" y "se cierra" según la influencia de distintos factores. Un estudio histórico importante sería averiguar los patrones de invasión de tierras municipales y relacionarlos directamente a los precios del azúcar y los requisitos de mano de obra en los valles.

ción de un sistema de caminos para posibilitar el intercambio intensivo entre regiones.

Womack explica cómo

> para los cañeros los beneficios mayores de su lucha fueron las mejoras tecnológicas que produjo, especialmente las nuevas compresoras que extraían una proporción mucho mayor de azúcar de la caña. Estas máquinas se hicieron accesibles en la década de 1870. Al mismo tiempo, comenzó en México un periodo de orden político y fuerte crecimiento económico. Se comenzaron labores para la construcción de un sistema regular de ferrocarriles, y la promesa de un mercado nacional emergió... (los hacendados de Morelos) trajeron el ferrocarril al estado, importaron nueva maquinaria, y plantearon cómo conseguir más tierra para cultivar más caña (*Ibid.*, p. 42).

La expansión de la industria cañera hizo que aumentara concomitantemente la demanda por una serie de productos: leña, maíz y forraje para los animales se necesitaban ahora más que nunca. Estas nuevas necesidades proveyeron a las haciendas de más motivos para la invasión de tierras que anteriormente eran marginales.

A nivel regional se pueden discernir los siguientes efectos directos del expansionismo de las haciendas: en primer lugar, la cantidad de empleados en las haciendas aumentó, y dentro de este grupo de empleados fue el proletariado rural el que proporcionalmente creció más. En segundo lugar, ciertas formas no capitalistas de relacionarse con los hacendados disminuyeron en importancia. Por ejemplo, los pequeños arrendata-

94

rios minifundistas que producían para la subsistencia y los medieros de las tierras donde se podían producir cultivos comerciales fueron haciéndose menos (véase: Chevalier, 1952; Warman, 1976). Así, la situación de clases en la región se transformó en una en la que el campesinado ocupaba estrictamente las tierras más marginales del estado, e incluso así tenían que participar como jornaleros en la producción comercial de las haciendas. Además, la reducción en la producción de maíz aumentó la presión sobre las tierras de *tlacolol* en aquellos municipios que aún las tenían.

En tercer lugar, los pueblos del valle así como la mayoría de los de las tierras altas se convirtieron en "pueblos dormitorios" para peones de haciendas. Las bases tradicionales de las comunidades, es decir, sus tierras, habían desaparecido o se habían achicado considerablemente, alterando de paso las relaciones de intercambio al interior de los poblados y probablemente modificado profundamente las bases para la política y la solidaridad local. Esto se refleja en el reordenamiento de la población de Morelos; durante este periodo se registra la desaparición total de muchos pueblos y la concentración de población en poblados comerciales o sin sustento autónomo alguno.

El proceso de cambio regional se acentuó con una revolución en los transportes que afectó directamente a Tepoztlán: la introducción del ferrocarril. En 1881 se construyó el ferrocarril México-Cuautla, y en 1897 el México-Cuernavaca-Balsas que pasa por el norte del municipio de Tepoztlán. La construcción de estos ferrocarriles permitió la importación de maquinaria pesada

95

a los ingenios azucareros, y además agilizó el comercio de todo tipo de productos.

Para Tepoztlán el ferrocarril significó el principio del cultivo de la ciruela como producto comercial. Además, el carbón fabricado de encinos del monte comunal también se podía mandar a México vía el tren. La estación del parque se construyó en las afueras del pueblo de San Juan, a cuatro kilómetros cuesta arriba de Tepoztlán. Los productos que se comercializaban se cargaban en mulas hasta la estación.

El porfiriato fue también para Tepoztlán una época de innovaciones tecnológicas y de nuevos recursos productivos. Además de la introducción del ferrocarril, y de la construcción de la escuela rural que educaba rudimentariamente a las élites del poblado, se construyó un sistema de agua potable para el pueblo, se introdujo el arado de acero, y se construyeron edificios públicos, principalmente la presidencia municipal y el jardín público.

Al mismo tiempo, el auge económico de los valles hizo decrecer la cantidad de tierras accesibles a los tepoztecos y se acentuó más que nunca el carácter dependiente del pueblo; fue en esta época que se expropiaron las 4 200 hectáreas que hoy día constituyen el ejido. Al igual que tantos otros pueblitos, Tepoztlán se convirtió en un pueblo dormitorio, asilo de peones y jornaleros mal pagados. Era rara la familia que no tuviera alguno o varios de sus miembros trabajando en las haciendas circunvecinas. Las tierras cultivables para las familias disminuían debido a que la sed de las haciendas por conseguir acceso directo a tierras que se pudieran aprovechar para el cultivo de caña, para pastar sus mulas o para conseguir leña aumentaba. Así, aunque los ferrocarriles permitían en teoría una menor dependencia frente a las haciendas de los valles, de hecho el ímpetu económico de la región morelense absorbió casi la totalidad de la producción y mano de obra de Tepoztlán, confirmando el proceso que De la Peña describe como "una secuencia casi fatal: reformas municipales, desamortización, ventas de tierras, prosperidad de las empresas azucareras, violencia".

LA REVOLUCIÓN

Si hacemos abstracción por un momento de lo que vivencialmente fue la revolución para los tepoztecos —olvidando las muertes prematuras, los miedos, las batallas, el hambre, el exilio y las ironías del episodio—; si nos concretamos a la aridez de los datos cuantificables, impresos en los censos y los libros de historia, el efecto más evidente de la revolución fue el descenso demográfico.

Según los censos de población, la población de Tepoztlán bajó de 4 753 en la cabecera y 9 715 en el municipio en 1910 a 2 156 en el poblado, y 3 836 en el municiipo en 1921. Asímismo en todo Morelos la población bajó de 179 594 en 1910 a 103 440 en 1921 (datos en: Holt-Buttner, 1962). Roberto Varela ha reelaborado los datos demográficos de Morelos en un trabajo aún no publicado y me ha dicho (comunicación personal) que las cifras del censo de población están

97

considerablemente exageradas debido a las dificultades políticas para la realización de un censo adecuado en 1921, de tal forma que la población en Morelos no disminuyó tanto como señalan los censos. Sin embargo, me parece que para el caso de Tepoztlán es posible que las cifras se aproximen a la realidad: el incremento de la población de 1920 a 1930 fue de 19.66% en el pueblo, y de 1930 a 1940 fue de 25.19%, cifras que —aunque altas— no son imposibles en el México de posguerra.

Además de la declinación de la población, la naturaleza de las demandas agraristas hizo que el sistema del latifundio porfiriano, con su organización concomitante de peones acasillados, peones no acasillados, y aparceros, girando en torno al casco de la hacienda y de su ingenio, se modificara substancialmente. La restitución de grandes extensiones de tierra fértil a pueblos en la forma de ejidos cambió tanto los sistemas de trabajo de la tierra como las formas en que se acumula capital. Y todo esto sin mencionar siquiera los daños físicos que sufrieron las instalaciones azucareras.

Para los propósitos de este capítulo conviene enfocar a la revolución como un evento profundamente disruptivo de la organización económica porfiriana: las haciendas fueron abandonadas y la fuerza de trabajo diezmada. Los efectos de esta desarticulación del sistema económico son el tema de lo que queda del capítulo.

1920-1930

Cuando pienso en Tepoztlán en 1920 me imagino al pueblo en un estado de aislamiento, de pobreza y de pequeñez casi único en su historia. Las visiones de aislamiento a veces van ensalzadas —un poco subconscientemente— por concepciones idealizadas del pueblo tranquilo, sin luz eléctrica, ni radios, ni bienes de consumo. Ésta fue, después de todo, la visión que nos presentó Redfield de estos años.

En un sentido económico, esta visión —restando los elementos idílicos o valorativos en general— tiene su base real: por un lado, la baja población y el caos en que se hallaban las haciendas hicieron posible el "retorno" hacia la "cerradez" de la comunidad. Por otro lado es cierto que no había muchos bienes de consumo, a veces hasta el maíz estaba escaso.

En los años veinte, como en la época inmediata posterior a la Independencia, hay un auge de la clase campesina en el pueblo. Una precondición de este auge fue, desde luego, que las haciendas ya no estaban contratando tanta mano de obra, que las tierras estaban regresando a manos campesinas, y que la cantidad de morelenses por unidad de tierra había disminuido considerablemete. Los veintes fueron altamente "campesinos" y bajamente "proletarios" para Tepoztlán. La falta de presión de las haciendas sobre la tierra fue complementada con la ausencia física o de poder de los caciques del pueblo, haciendo accesibles algunas tierras arables de primera clase.[14]

---

[14] Es posible que en esta época hayan ocurrido invasiones de tierras de los caciques, como ha sucedido en otros pueblos de la zona. Ciertamente hubo mucha manipulación de títulos para demostrar que la propiedad había sido privada desde la década de 1850. La riqueza de mis datos en esta

Un factor de importancia para este proceso de re-campesinización fue la restitución de una franja de tierra comunal que había sido invadida por la hacienda de Coacalco antes de la revolución. Esta restitución de lo que hoy se llama Ejido de Tepoztlán se ratificó en 1929 y consistió en una dotación de 2 100 hectáreas. Al mismo tiempo, se reiteró que el resto del municipio (aproximadamente 24 mil hectáreas) sería de propiedad comunal, aunque por acuerdos informales se respetan como "pequeñas propiedades" a todos aquellos predios que eran considerados particulares desde antes del porfiriato.

Hacia finales de la década, la dificultad de mantenerse como una comunidad campesina cerrada e independiente se hizo sentir fuertemente, tanto a través de la política como por el estómago. La solución, altamente controversial, fue echar mano a la tala de los bosques para la venta a gran escala de carbón. Los sistemas de explotación del carbón no cambiaron en esta década: era (y es) un trabajo hecho normalmente entre dos o tres familias con hachas y machetes y una tecnología al parecer bastante antigua (para una descripción detallada de los métodos de fabricación del carbón, véase: Lewis, 1951:163-165). Sin embargo, sí se revolucionó la comercialización del carbón a través de la fundación de una cooperativa, que se estableció en 1928 y que llegó a tener cerca de 500 miembros para 1935. El carbón se fabricaba en el monte y después

materia podría ser mejor, de no ser por algunas lagunas mentales que desafortunadamente padecían muchos de mis informantes más viejos.

se traía a la oficina de la cooperativa, donde era pesado y pagado. De la cooperativa (en Tepoztlán) se acarreaba el carbón a la estación del parque, donde se cargaba a un tren que lo llevaba hasta México. A finales de la década la explotación masiva de los recursos forestales complementó las entradas de las familias campesinas de una manera importante: un informante me confirmó que los que trabajaban el carbón en ese año ganaban cerca de sesenta pesos semanales, ¡cuando en el jornaleo a duras penas se sacaban dos! Este complemento permitió que la comunidad se mantuviera "cerrada" a la economía de los valles de Cuernavaca y Cuautla.

Un cambio importante en la organización del trabajo en esta década fue la creación de un sindicato campesino organizado por los zapatistas. Esta organización, llamada primero la Unión de Campesinos Tepoztecos y después la Unión Fraternal de Campesinos Tepoztecos estaba afiliada al movimiento nacional de la CROM, y era sobre todo una organización de presión política para debilitar el poder de los caciques y para mantener intactos los recursos de la comunidad. Incluyo a la Unión en esta lista de cambios en las fuerzas productivas porque la organización de los campesinos en un grupo político unificado afecta directamente a algunos sistemas de producción, debido principalmente a que se trataba de fomentar el trabajo comunal (conocido como *cuatequitl*) y de eliminar el poder de los terratenientes vía la comunalización de sus tierras.

Otro cambio importante en las fuerzas productivas de este periodo fue la introducción del molino de nixtamal, cuyos efectos sociales podemos imaginar si consideramos que

> ...el hecho de que, a pesar del molino, el maíz es molido en el metate doméstico se debe no sólo a que el maíz molido en el molino es más caro, sino a que el estatus de las mujeres (salvo el de las más sofisticadas) se determina en buena medida por su habilidad al metate (Redfield, 1930:86-87).

La gradual liberación del metate revolucionó los patrones de trabajo femenino en el pueblo. Tradicionalmente, las mujeres tepoztecas se levantaban a las tres o cuatro de la madrugada para comenzar la larga y ardua tarea de moler maíz y hacer tortillas. El molino liberó de cuatro a seis horas de trabajo diarias para las mujeres, que comenzaron a utilizar su tiempo para nuevas actividades, como coser ropa, criar animales para la venta, dormir, mercadear productos domésticos, etcétera. Los cambios en las relaciones de producción domésticas que trajo consigo el molino eran amenazantes para los grupos dominantes (a saber, los hombres), que expresaron su antagonismo a la nueva libertad organizando un *boicot* del molino, que fue apoyado también por las mujeres que competían por el favor de los hombres.

Por último, hubo un cambio a nivel organización doméstica con referencia a los niños: la pequeña escuela rural que se fundó en 1860 para las élites tepoztecas se federalizó, y se trajeron maestros de otras partes de la república, además de libros de texto nacionales. El hecho de que la escuela era gratuita y que la necesidad de trabajo de los niños se iba haciendo menor (en parte por el molino de nixtamal) hizo posible que muchos niños estudiaran, cuando menos algunos años. En general, los niños varones no comenzaban a trabajar con sus padres hasta los 10 o 12 años, y esto sobré todo en la temporada de lluvias (época de vacaciones escolares). Las niñas en general tenían más trabajo que los niños, pero se comenzó la práctica de que una niña (generalmente la mayor) se quedara en casa ayudando a su mamá mientras los otros niños iban a la escuela.

El auge de la educación, que tiene sus raíces en esta década, modificaría substancialmente el patrón de ocupaciones en Tepoztlán. Sin embargo, notemos que en los años veinte las facultades de leer y escribir y sus usos eran aún escasos:

> No sería muy aventurado afirmar que es un suceso poco usual que un individuo de Tepoztlán, a menos que sea un estudiante de primaria revisando su lección, lea cualquier tipo de libro. Rara vez aparece una revista en Tepoztlán, y a esta comunidad de cuatro mil habitantes (*sic*) no llega ni un periódico con regularidad (*Ibid.*, 171-172).

La figura 5 resume los cambios en las fuerzas productivas ocurridos en las décadas 1920 y 1930.

1930-1940

En la primera mitad de esta década, hasta el año de 1935, la situación en cuanto a los recursos productivos de Tepoztlán se mantuvo muy parecida a la de finales de la década anterior. El único cambio de trascendencia (y esto sobre todo para los periodos posteriores) fue la reelaboración de los límites municipales del estado en 1931, mediante la cual se hacían rectas las fronteras entre municipios. En esta "rectificación" Tepoztlán perdió una cantidad de hectáreas (el número exacto está en disputa) en favor de varios municipios circunvecinos, dando pie a futuras confrontaciones entre pueblos. Por lo demás las cosas seguían iguales: una alta dependencia en los recursos del municipio (versus los externos), incluyendo sobre todo la agricultura y la explotación cada vez mayor de los bosques. El proceso de comercialización no había cambiado considerablemente desde la construcción del ferrocarril. El poderío económico de los valles aún no estaba plenamente restablecido, y la población tepozteca era todavía relativamente adecuada para los recursos de tierra del municipio. Los efectos sociales de la escuela y del molino de nixtamal apenas comenzaban a sentirse.

Sin embargo, este panorama cambió drásticamente a raíz de varios sucesos. En 1935 el presidente de la cooperativa del carbón, una figura muy poderosa y controversial de la época, fue asesinado. Con este atentado hubo una vacilación entre grupos de poder que provocó el fin temporal de la cooperativa. La producción de carbón bajó de 1 209 430 kilos en 1934 a 137 400 en 1935 (Lewis, 1951:164). Pocos meses después, en uno de los recorridos campestres que lo hicieran famoso, el presidente Lázaro Cárdenas visitó Tepoztlán sin previo aviso. En su caminata desde la estación del parque hubo varias cosas que lo impresionaron: una de ellas fue la belleza de la región, otra fue la importancia arqueológica de los montes. Estas dos impresiones llevaron a que se declarara parque nacional la mayor parte del monte del que se sacaba carbón, poniendo fin legal a la explotación forestal comercial.

La conversión del monte en bosque nacional significó el final absoluto de la cooperativa del carbón, y el final teórico de la explotación masiva de los bosques.[15] Esto significaría, entre otras cosas, un vuelco hacia afuera de la comunidad.

El otro gran cambio impulsado por Cárdenas fue la construcción de la carretera Tepoztlán-Cuernavaca. Desde 1934 se había impulsado un proyecto por parte de la Unión Fraternal de Campesinos Tepoztecos de construir esta carretera con trabajo comunal. El proyecto ya había avanzado considerablemente cuando Cárdenas dio la ayuda económica que permitió terminar las labores y pavimentar la carretera.

Con la carretera aumentaron las posibiildades de estudiar fuera del pueblo, aumentó el comercio entre Tepoztlán y Cuernavaca, y las costumbres y los ideales de vida citadinos tuvieron su impacto más cotidiano sobre los tepoztecos.

El primer cultivo en ser afectado por la mejoría en los transportes fue la ciruela, que antes se maltrataba en los viajes de mula a la estación del parque. La mejoría en transportes significó un aumento sustancial en

---

[15] En realidad la tala de los montes ha seguido desde entonces, pero de una forma clandestina e irregular, altamente dependiente de factores políticos y de mercado.

la producción de ciruela[16] así como, en décadas posteriores, permitió el auge de otros productos comerciales.

Junto con la construcción de la carretera se creó una cooperativa de autobuses llamada Ome Tochtli (el dios dionisiaco patrón de Tepoztlán) a la que se virtieron algunos de los capitales más importantes del pueblo. Esta cooperativa hizo efectivo el cambio que permitió la carretera a Cuernavaca, y según muchos tepoztecos, este fue el punto de partida real para "el progreso del pueblo".

1940-1950

En realidad, los años cuarenta son el comienzo de la hsitoria moderna de Tepoztlán. Innovaciones en técnicas productivas se combinaron con la revolución en las comunicaciones para comenzar transformaciones profundas en el carácter del pueblo. Primero, la introducción de nuevas maquinarias y técnicas de producción hicieron posibles algunos cambios: la introducción de los fertilizantes químicos, del tractor y del camión de transporte. Luego, estas técnicas se combinaron con nuevos cultivos —el jitomate y la gladiola—, posibilitando la producción comercial a mediana escala para mercados nacionales.

Algunas de estas innovaciones fueron traídas por gente de afuera. En 1942 un español llamado Cid Beltrán llegó al pueblo e invirtió su capital en la renta de tie-

[16] Lewis calcula una producción de 7 mil guacales de fruta en 1943. Para datos sobre precios y producción, véase Lewis, *op. cit.*, 165-166.

rras que, con la ayuda de técnicas modernas, sembró de gladiolas. Introdujo pequeños pozos de regadío, fertilizantes y herbicidas químicos, tractores y bombas de agua. Varios tepoztecos observaron estas técnicas y comenzaron a complementar su cosecha de maíz con gladiola o, poco después, con jitomate.

Pero las trabas para una agricultura próspera tampoco terminaron aquí; el riesgo era y es aún escaso, la cantidad de tierra fértil disponible era poca, y los costos de transporte de productos comerciales eran muy elevados. A principios de la década se estableció en el pueblo la línea de camiones *Excélsior*. Su dueño era un político de Cuernavaca que, por sus conexiones con la policía de tránsito y fiscal, mantenía un monopolio sobre el transporte de productos agrícolas. Si salía del pueblo una camionada de jitomates o ciruela no transportada por *Excélsior*, los oficiales de tránsito confiscaban el producto o lo retenían "para inspección" hasta que se estropeara. El monopolio sobre el transporte de los productos agrícolas fue un estorbo al surgimiento de una clase de agricultores prósperos.

El progreso productivo de estos años significó una conexión directa entre productores tepoztecos y los mercados capitalinos, principalmente de La Merced y de Jamaica. Así, Tepoztlán cambió en una proporción significativa su orientación económica en el sistema regional: en vez de ser una zona marginal de la región morelense, con una población campesina que fungía de reserva de mano de obra, el alto valor comercial de algunos productos y las innovaciones técnicas permitieron el cultivo de plantas para la venta directa a la ciudad de México. En este sentido Tepoztlán, así como muchas de las zonas marginales del norte de Morelos, empezó a pasar de ser el *hinterland* del Valle de Morelos a ser *directamente* parte del *hinterland* del Distrito Federal, ya sin la mediación del centro del sistema regional morelense.

Evidentemente éstos fueron eventos de trascendencia para la vida diaria de Tepoztlán. El dramatismo de estos cambios se refleja incluso en algunas de las diferencias entre los hallazgos de Oscar Lewis y de Redfield.[17] Petro además de estas transformaciones de profundo arraigo concurrieron en este periodo también otros factores de cambio que, aunque su peso no es evidente a primera vista, han tenido efectos importantes en el transcurso de los años.

Uno de estos cambios fue el turismo que, aunque era de poca significación económica en esta época, a la larga transformaría económica y políticamente a la comunidad. Y esto sin siquiera comenzar a pensar en los efectos culturales que el contacto ha producido.

Otro de estos elementos de dócil apariencia pero de fiera esencia fue un supuesto traspaso de tierras del municipio de Tepoztlán al de Jiutepec alrededor del principio de la década. En este asunto los hechos reales son tan obscuros para mí como para la mayoría de los tepoztecos, y en este capítulo no corresponde dar todas

[17] Wolf, 1960, propone que estas diferencias en la economía de Tepoztlán en realidad explican la polémica entre Lewis y Redfield tanto como las diferencias teóricas y metodológicas entre estos autores. Habrá mucho más sobre esta discusión en secciones subsiguientes.

las versiones de este hecho. Lo único realmente seguro es que seguía habiendo pleitos limítrofes entre Tejalpa (municipio de Jiutepec) y Santa Catarina (de Tepoztlán) después de la rectificación de los límites.[18] Aparentemente, ante la pérdida de terrenos que significó la rectificación, Tepoztlán se amparó en la Suprema Corte de Justicia. Según algunos, la corte falló a favor de Jiutepec; otros dicen que la corte aún no ha fallado, pero que un presidente municipal de la época "vendió" esas tierras a Tejalpa. Sea como sea, esta pérdida de tierras de dudosa legitimidad no causó conflictos sino hasta varios años después.

El tercer evento económico con implicaciones políticas fue el traspaso, con aprobación del presidente municipal, del sistema de agua construido por el pueblo durante el porfiriato a manos de la Secretaría de Recursos Hidráulicos. Este traspaso fomentó indirectamente el turismo, ya que la SRH proveía a casas particulares de agua. Anteriormente, el agua del pueblo se podía obtener únicamente en las tomas públicas que hay en casi todos los barrios. Evidentemente este factor detenía el desarrollo turístico ya que imposibilitaba el dotar de duchas, agua corriente, piscinas, etcétera, a las casas particulares. Al mismo tiempo perjudicaba a los usuarios de las tomas públicas porque bajaba la cantidad de agua corriente.

Importa mencionar entre estos factores que en esta

[18] Lo cierto es que, según hacen constar papeles en el archivo de la Secretaría de la Reforma Agraria, estos pleitos son anteriores a esta fecha tan frecuentemente citada como "el origen" del conflicto.

década siguió creciendo el desarrollo educativo. En 1946 se construyó la escuela primaria federal completa "Escuadrón 201", como concesión del presidente Ruiz Cortines a un tepozteco que perteneció a dicha unidad. Además, la carretera a Cuernavaca permitía que los tepoztecos interesados salieran todos los días a estudiar la secundaria o cursos especializados fuera del pueblo.

En conclusión, los años cuarenta fueron de una enorme apertura de la comunidad hacia influencias sociales externas: no sólo se reiniciaron intensas relaciones de intercambio económico con otras zonas, sino que hubo una penetración cultural y de instituciones gubernamentales muy importante que se discutirá en capítulos subsiguientes.

1950-1960

En muchos sentidos la década de los cincuentas no es más que una prolongación y profundización de los cambios que trajo consigo la década anterior: en el terreno de la agricultura siguió aumentando el uso de fertilizantes y el cultivo del jitomate. Por otra parte, hubo un descenso en la importancia local de la ganadería, causada aparentemente por la fiebre aftosa y por la falta de forrajes que resultó del cambio del cultivo de maíz a otros productos.

El ímpetu de la educación y de la búsqueda concomitante de actividades no agrícolas siguió creciendo en dramáticas proporciones. Se construyó otra escuela primaria, y una secundaria —que fue la tercera en todo

110

Morelos.[19] Además, empiezan a salir egresados tepoztecos en varias profesiones— la más común de ellas la de maestro y de técnicos con estudios de primaria o de secundaria. En esta década la población está llegando vertiginosamente a los límites de sostén agrícola del municipio,[20] y se comienza a visualizar a la educación como una alternativa a la agricultura. La escuela se usa como una válvula de escape para mucha gente que no hubiera podido encontrar trabajo en la agricultura. Empero también esto significó una emigración de la "clase media" tepozteca hacia centros que cuentan con fuentes de empleo para mano de obra calificada o profesionistas.

Otra forma importante de emigración y de complemento a las entradas agrícolas fue el bracerismo, que comenzó en la década de los cuarenta y cobró auge en esta década. Varios tepoztecos lograron reunir pequeños capitales y gozar de las alternativas comerciales o educacionales al arduo trabajo del campo.

El último cambio de significación fue la electrificación del pueblo en 1957. Se sabe que la luz eléctrica tiene efectos sobre la cultura: los nahuales y las brujas

[19] Este logro fue obtenido con la ayuda de algunos de los turistas que, a través de sus conexiones capitalinas y, en algunos casos, de contribuciones directas, ayudaron substancialmente a conseguirlo.

[20] A pesar de que los cálculos presentados en este capítulo sobre la capacidad productiva del municipio ya no se aplican enteramente a esta época debido a la introducción de fertilizantes, hay razones fehacientes para considerar que ya en los cincuentas se sentían haber llegado al límite de la cantidad de tierra disponible para el sustento de los tepoztecos (Ávila, 1969).

tienden a aparecer en diferentes circunstancias, entran los medios masivos de comunicación como la televisión, etcétera. Los efectos económicos de la luz no son menos importantes: se podía hacer funcionar molinos eléctricos, usar máquinas de coser eléctricas, facilitar instalaciones turísticas, etcétera.

1960-1970

Es en los años sesenta que se forma propiamente el Tepoztlán que un visitante de hoy reconocería. Grandes cambios cualitativos en los transportes, las fuentes alternativas de trabajo y medios masivos de comunicación transformaron al pueblo.

Primero en 1965 se construyó la supercarretera México-Cuernavaca que tiene una rama directa a Tepoztlán, de tal forma que el comercio con la ciudad de México fluye ahora directamente. Además, resulta que el Distrito Federal queda ahora a apenas una hora de viaje de Tepoztlán, en contraste con las dos horas y media vía Cuernavaca y la vieja carretera. Esto hace posible que muchos tepoztecos vayan y vengan el mismo día sin grandes esfuerzos.

En estos mismos años se acabó con el monopolio de transportes de la línea *Excélsior*, que fue expulsada del pueblo por manifestaciones de tepoztecos. Los agricultores y comerciantes más prósperos empezaron a comprar camiones y camionetas propias y a transportar sus productos y su mano de obra directamente. Comenzaron también a construirse carreteras a las congregaciones que no estaban conectadas: Amatlán, Santo Domingo, San Juan y, además, se introdujo el teléfono.

Entretanto la diversificación de ocupaciones siguió aumentando. En 1960 se fundó CIVAC (Centro Industrial del Valle de Cuernavaca) en el municipio vecino de Jiutepec. Muchos tepoztecos empezaron a trabajar en las fábricas de este complejo: la Datsun, la fábrica de cartuchos y Textiles Morelos. Además, el gran auge del turismo —fuertemente fomentado por la nueva carretera— aumentó grandemente las ocupaciones locales en la construcción, o trabajos parciales que sirven para complementar ingresos como cuidadores, jardineros, etcétera.

Junto con esto siguió transformándose el estatus, uso y cantidad de profesiones liberales en el pueblo. Estas tendencias se siguieron reforzando con la construcción de dos escuelas primarias nuevas, empujando a Tepoztlán hacia uno de los niveles de alfabetismo más altos de Morelos.[21a]

Estos factores combinados hicieron escasa la mano de obra tepozteca barata, necesaria para los trabajos agrícolas en la siembra de jitomates o gladiola. Así fue que en esta década empezaron a entrar los "oaxacos" y a toda la zona norte de Morelos.[21] Los "oaxacos" son migrantes estacionales que provienen principalmente del estado de Guerrero, aunque también los hay de Oaxa-

[21a] En 1970 Tepoztlán estaba entre los 5 municipios más educados de Morelos. Para la distribución regional de la educación véase: Lomnitz-Adler, 1979.

[21] Para ver la historia de los oaxacos en Tlayacapan véase: De la Peña, *op. cit.*, 161-162.

ca. Esta gente viene a todo Morelos a trabajar para ahorrar un poco de plata y regresar a sus pueblos. Algunas veces son mayordomos que vienen a reunir unos pesos para cumplir con sus cargos en las fiestas de sus pueblos. Otras veces son jóvenes que quieren casarse y necesitan ahorrar; otras, simplemente desempleados, etc. Los "oaxacos" hacen muchos de los peores trabajos del pueblo, trabajan a sueldos inaceptables para un tepozteco, y son vistos con desconfianza y algo de desdén: la gente de Guerrero es considerada ladrona y violenta, y no es de confiar, como un tepozteco nato.

Otros cambios que alterarían la apariencia "campesina" del pueblo también ocurrieron: primero, el turismo provocó un alza tremenda en el precio del terreno en el pueblo y en el valle de Atongo. Muchas de las tierras cultivables cercanas al municipio fueron compradas y destinadas a la construcción de casas de fin de semana o de residencia permanente para capitalinos. Esto significó una disminución real de la cantidad de tierras cultivables en el municipio. Además, los precios de la tierra comenzaron a hacer que, muchas veces, fuera más atractivo vender un terreno que cultivarlo.

Algunos cambios políticos de importancia fueron: 1) la reactivación del pleito limítrofe con Jiutepec —debido a que CIVAC se construyó precisamente sobre los terrenos que Tepoztlán reclamaba como suyos; 2) la entrada en 1963 de la compañía Montecastillo, que pretendió desarrollar un gran centro turístico fuera del pueblo, con cancha de golf, hotel de lujo, etc. Montecastillo procedió a comprar, de una forma un tanto obscura, una superficie considerable de tierra (alrede-

114

dor de 200 hectáreas según la receptoría de rentas).
Pero resultó que, según grandes sectores del pueblo,
estos terrenos son en realidad comunales. Siguió el
escándalo político y se le impidió a Montecastillo la
construcción. Sin embargo, las 200 hectáreas siguen
en poder de la compañía. 3) Hubo cambios en la
situación del agua. El consumo de agua en casas particulares provocó una gran escasez que culminó en una
revuelta popular. La Secretaría de Recursos Hidráulicos se vio obligada a devolver el viejo sistema de agua
a manos del pueblo, y a crear un segundo sistema de
agua potable, surtiéndose de nuevos pozos que tuvieron
que construir.

En los capítulos sobre historia social se harán obvios
los efectos sobre la vida diaria que tuvieron este cúmulo
de cambios en las fuerzas productivas.

1970-1978

La década de los setentas ha sido substancialmente parecido a la de los sesentas: hoy en día tenemos un
Tepoztlán relativamente urbano, la escolaridad general
es altísima (casi no hay una sola casa en el pueblo en
la que no encontremos un maestro de escuela o algún
trabajador especializado). La gente ha dejado de hablar náhuatl en las calles, y parece ser que las nuevas
generaciones han dejado de hablarlo del todo. Salen
autobuses a Cuernavaca cada cuarto de hora, a Yautepec cada media hora, y a México cada hora. Prácticamente no hay un tepozteco que no conozca la capi-

tal, y muchos saben usar del Metro y los camiones para desplazarse con tanta efectividad como un capitalino. Los jóvenes en su mayoría se visten en brillantes colores sintéticos y son pocos —únicamente los de los barrios más pobres, como San Pedro— los que usan huaraches. El *tlacolol* es una institución que ha perdido mucha de su antigua importancia, y los carboneros habitan casi exclusivamente en San Juan y Santo Domingo. Existe una clase de agricultores y comerciantes muy poderosa en el poblado, que se ocupa en una agricultura moderna y que transporta sus propios productos al mercado; en 1978 había por lo menos 35 camiones de redilas y otras tantas camionetas en el pueblo que pertenecían a tepoztecos.

La emigración de profesionistas, ahora muchos de ellos con títulos de licenciatura, es un fenómeno patente, así como también lo es la emigración por falta de tierras.

La falta de mano de obra barata en el pueblo sigue siendo evidente en tiempo de cosechas, cuando los agricultores contratan peones de otros estados para las labores manuales. Hay una cantidad importante de tepoztecos en actividades que giran en torno al turismo: muchos campesinos complementan sus ingresos trabajando de albañiles en la época de secas, o bien son cuidadores o jardineros. La venta del terreno agrícola para fincas de descanso es cada vez más atractiva, pues los precios del terreno siguen subiendo a ritmos acelerados. Hoy en día el precio del terreno en Tepoztlán y el valle de Atongo está alrededor de 400 pesos el metro cuadrado, lo que quiere decir que si un campesino tiene media hectárea de terreno en estas zonas puede venderla en dos millones de pesos, cantidad que jamás podría conseguir con una cosecha anual de maíz.

Se nota en Tepoztlán una marcada tendencia a pasar de la agricultura al sector de los servicios —en este caso relacionados con el turismo—, la industria moderna, y las profesiones liberales o técnicas. Esta tendencia se va extendiendo también a las congregaciones del municipio; en los últimos años se han construido primarias en cada uno de los siete pueblos del municipio, y todos están conectados con la cabecera por carreteras (algunas, sin asfalto). Hay en la cabecera una cierta cantidad de restaurantitos, se venden artesanías en la plaza (traídas de Guerrero), y se proyectan futuros desarrollos urbanos en la cabecera: la construcción de un mercado, la urbanización del valle, estacionamientos para carros, calles con un solo sentido, una caseta de policía de tránsito, y grandes alzas en los impuestos sobre predios urbanos.

A grandes rasgos éstos han sido los cambios más importantes en las fuerzas productivas que han ocurrido en Tepoztlán. Pero al enfocarnos únicamente en los factores de la producción material, y no en los del consumo, o en los de la producción de ideologías, hemos omitido aspectos importantísimos de la transformación del pueblo. En el siguiente capítulo se describen los cambios en la estructura de poder, para luego proceder a un análisis de las implicaciones de estas descripciones esqueléticas para los cambios en la vida diaria del tepozteco, cuando menos en su aspecto político.

III. HISTORIA DEL PODER EN TEPOZTLÁN

¿Cómo han sido utilizados los recursos —las fuerzas productivas— en la historia de Tepoztlán? ¿Quiénes los han controlado? ¿De qué manera han ejercido el poder sobre aquellos que carecen de control sobre recursos? En este capítulo se pretende reconstruir una historia estructural del poder en Tepoztlán, empezando por modelos esquemáticos del sistema de poder durante la Colonia e Independencia y pasando a descripciones más nutridas para el periodo moderno.[1] Nuestra historia muestra la dinámica reproductiva del sistema social en cada periodo así como la base para los cambios históricos lineales, es decir no reproductivos, mediante los cuales se ha ido transformando el poder en la comunidad.

[1] Los problemas que confrontamos de falta de material histórico para la época colonial tardía y sobre todo para el periodo de 1810-1865 son especialmente rudos para la reconstrucción de esta historia —sobre todo dado que mi labor de recolección antropológica se limitó a material sobre el siglo xx. Sin embargo, datos dispersos me ayudan a postular la estructura de poder colonial y considero importante presentar y apoyar mi concepción de esta historia, sobre todo porque varios de mis argumentos sobre política moderna, relaciones interétnicas y sistemas rituales dependen de ella. Al mismo tiempo, sigo afirmando que una historia detallada de estos periodos queda aún por hacerse.

En 1520 Tepoztlán fue conquistado, como todo el imperio azteca, por los españoles. En la repartición de propiedades que siguió a la Conquista, Hernán Cortés intentó apropiarse de grandes porciones del centro de México, incluyendo secciones importantes del valle de México, y la totalidad del valle de Cuernavaca. En 1529 le fue otorgada la jurisdicción sobre una inmensa extensión que incluía la mayor parte de lo que hoy es Morelos, el valle de Oaxaca, el valle de Toluca, propiedades en el Golfo de México y la jurisdicción sobre Coyoacán y Tacubaya. Esta vasta propiedad se convirtió en un marquesado feudal —el único en América que se mantuvo a través de todo el periodo colonial. Tepoztlán fue uno de los pueblos incorporados al marquesado.

Para Tepoztlán, como para tantos otros pueblos de la región, esto significó participar en una organización política muy compleja: cada pueblo pertenecía a alguna categoría que reflejaba su importancia política y económica dentro del marquesado (rancherías, localidades principales, cabeceras de partido, y cabeceras de alcaldías mayores o de corregimientos). El grueso de la burocracia marquesana (gobernador, juez privativo, contadores, etc.) radicaban en las cabeceras de la alcaldía mayor que, en el caso de nuestra región, era Cuernavaca; los marqueses mismos normalmente vivían en México, sino es que directamente en España. La mayor parte de los otros tipos de pueblos podían ser caracterizados en términos de los tipos de nobleza que vivía en ellos (es decir, de su posición política en la era prehispánica). Así, las "cabeceras de partido" se situaban en los pueblos que en la época precolombina tenían un *tlatoani* (cacique o señor; Gibson, 1964:31). Los pueblos dependientes administrativamente de las cabeceras de partido (es decir las "rancherías" y las "localidades principales") eran aquellos que tributaban al *tlatoani* de la cabecera. Tepoztlán era la cabecera del partido con el mismo nombre, este partido coincidía *grosso modo* con los límites que tenía el pequeño estado tlahuica de antes de la Conquista (ver Gerhard, 1970, y García Martínez, 1969). Esto significaba que la estructura social de Tepoztlán era diferente desde un principio a la de sus sujetos y congregaciones, ya que siempre fue un grupo social más estratificado, más grande y que concentraba más poder.

La organización política interna de Tepoztlán era bastante compleja y aún hoy no está completamente entendida: durante el siglo XVI había un *tlatoani* (o cacique) que vivía en Tlacatecpan, el barrio principal de Tepoztlán. En ese barrio vivían también muchos de los parientes del cacique, los *pipiltin* o *tehcutli* (señores y principales), así como los vasallos del cacique y los principales (los *tequinanamiques*, o renteros). Luego había ocho barrios más, cada uno subdividido a dos niveles inferiores también llamados *calpulli* y cuyo significado organizacional es aún obscuro. Cada barrio tenía algunos oficiales, de menos un "mandón" y a veces algún *tehcutli* que estaban encargados de una serie de tareas administrativas que se especificarán más abajo. Con estos aspectos fundamentales podremos proceder al análisis del poder en el pueblo.

El punto de partida lógico para la reconstrucción de las relaciones de poder durante la Colonia está en la cuestión de cómo se controlaron los recursos que sirvieron como base al sistema de poder. A partir del material ya descrito en el capítulo anterior, se puede deducir que el control sobre los siguientes recursos era de primera importancia para el sistema de poder colonial: 1) fuerza militar o coercitiva en general; 2) la tierra; 3) la fuerza de trabajo; 4) los productos del trabajo; 5) el capital productivo (tecnología y dinero); 6) las concepciones o instituciones que, entre otras cosas, legitiman o desautorizan la apropiación de estos recursos (por ejemplo, la Iglesia católica, las ideas de legalidad y justicia, o los conceptos de jerarquías políticas de los indios). Las formas en que se controlaban estos seis recursos constituyen la materia prima indispensable para entender la dinámica del poder.

Control sobre la fuerza militar

Durante la mayor parte de la historia colonial de Tepoztlán, el control sobre la fuerza militar estuvo monopolizado por el gobierno virreinal. En efecto, pese al carácter extensivo de los poderes conferidos al marquesado del valle en 1529,[2] el control sobre el ejército y

[2] En 1529 el marqués tenía derecho sobre los pueblos de su jurisdicción "con sus tierras y aldeas, y términos y vasallos, y jurisdicciones civil y criminal, alta y baja, mero mixto imperio, y rentas y oficios, y pechos y derechos, y montes y prados y pastos, y aguas y corrientes, estantes y mamantes, y

121

las fortalezas nunca se le otorgó al marqués sino que se mantuvo siempre como prerrogativa real (García Martínez, 1969:93). Al mismo tiempo, se aprobaron leyes en la Nueva España prohibiendo que los indios portaran armas de fuego [3] y que montaran a caballo, limitando drásticamente la capacidad de éstos de rebelarse con éxito.[4] Es justo decir, entonces, que durante el transcurso de los siglos XVI a XVIII el control sobre la coerción se mantuvo en general en manos de la administración colonial.

Sin embargo, también ocurrían explosiones de violencia colectiva en Tepoztlán que le servían al gobierno colonial de recordatorios de los límites de su poder. Estas rebeliones, llamadas "tumultos" por las autorida-

con todas las cosas que nos tuviéramos y lleváramos y nos pertenecieren..." ("Carta de donación", en *Cedulario cortesiano*, Beatriz Arteaga Garza y Guadalupe Pérez Sanvicente. México: JUS, 1949, pp. 125-132 citado en García Martínez, 1969:93). Estos derechos extensivos se fueron limitando a partir de 1533, cuando la corona se dio cuenta de la vastedad del imperio de Cortés. Para un resumen de esta historia ver Chevalier 1952 y García Martínez, 1969.

[3] La excepción eran los caciques que, como reconocimiento de su estatus superior y de sus servicios a la corona, tenían permiso de portar armas, montar a caballo y de vestirse como españoles.

[4] De las 143 rebeliones campesinas del siglo XVIII estudiadas por Taylor (1979) únicamente tres incluyeron el uso de alguna arma de fuego. "Esto parece implicar que las armas de fuego eran raras en los pueblos rurales, sea porque las prohibiciones coloniales sobre el uso de armas por indios estaban rigurosamente aplicadas o sea porque los indios no tenían dinero para comprarlas" (p. 116).

des gubernamentales, se caracterizaban por estar enfocadas a metas muy específicas —como protestar por aumentos en el tributo o la explotación a que los sometía algún cura, etc.[5] El pueblo enfurecido por el evento crítico se alza en armas (normalmente piedras, machetes o cuchillos) y dirige su ira al evento que los colmó, no a la estructura política que lo permitió.

En su descripción de las rebeliones en el centro y sur de México, Taylor (1979) habla de las siguientes características comunes: "Casi todas (las rebeliones) eran explosiones armadas espontáneas y de corta duración, protagonizadas por los miembros de una sola comunidad en reacción a amenazas externas; eran revueltas 'populares' en las que prácticamente toda la comunidad actuaba en colectivo y normalmente sin un liderazgo identificable" (p. 115). La violencia duraba un par de días y se apaciguaba, sin expandirse a otros pueblos (en el caso de Tepoztlán, como en la mayor parte del centro de México, no hubo las rebeliones regionales en este periodo). El gobierno en general optaba por no tomar represalias muy violentas contra todo el pueblo sino, si acaso, contra "los líderes" (que procuraban encontrar aunque en realidad no existieran) y aceptaba

[5] En Tepoztlán tenemos evidencia de un solo "tumulto" en el año de 1778 (AGN, *Criminal* 203, exp. 4), aunque hay también evidencia de "tumultos parecidos en localidades cercanas, como en Tlayacapan en 1784 y Tetelcingo en 1778. Pese a esta evidencia limitada, sospecho que estas rebeliones habrán ocurrido periódicamente según patrones que detallo más adelante, la lógica del sistema colonial y los hallazgos de Taylor o de Florescano apuntan en esta dirección.

123

la rebelión como una seña de que estaban explotando a los indios más allá de sus límites de resistencia.

La tenencia de la tierra

La inclusión de Tepoztlán en el marquesado del valle significó que la justicia, el tributo y el trabajo excedente del pueblo eran asuntos de los marqueses; sin embargo, las formas de propiedad de éstos sobre la tierra variaron significativamente a través de los años.

En principio los pueblos indígenas del marquesado tenían derecho a guardar los terrenos que cultivaran bajo la forma de tierra comunal, con un límite mínimo de 300 varas a la redonda del pueblo (García Martínez, 1969:128). Por otra parte los terrenos considerados "baldíos" eran propiedad de la corona o del marqués —según el periodo histórico en cuestión. Entre los años de 1529-1533 el marqués se apropió de la mayoría de los terrenos "baldíos" en su jurisdicción y algunos los vendió o los alquiló a perpetuidad a otros españoles. Después la corona se reservó para sí el derecho de otorgar tierras baldías a españoles en el marquesado. De cualquier forma, desde un principio se fue formando una cierta cantidad de haciendas españolas a las afueras de Tepoztlán, algunas de las cuales pertenecían al marqués, todas construidas sobre los "terrenos baldíos" de las comunidades. Rápidamente se estableció una distinción entre lo que era tierra de los indios (comunal) y lo que eran fincas y haciendas del marqués o de otros españoles (privada).

Sin embargo, las fronteras entre el territorio comunal y el particular no eran fijas, aunque teóricamente la tierra comunal no podía tener menos de las 300 varas a la redonda. Las comunidades tenían el derecho a vender parte de sus tierras, cosa que ocurrió en ciertas épocas, sobre todo bajo el primer y el cuarto marqués (Chavelier, 1952:127-134). Este hecho, sumado al problema de las invasiones de tierra comunal en épocas de auge hacendario significó una historia de cambios limítrofes en la relación entre el pueblo y las haciendas. En esta historia Tepoztlán logró mantener la mayor parte de su propiedad comunal intacta, debido sin duda al valor marginal de la mayor parte de esa superficie.

En cuanto a la tenencia de la tierra *al interior* de Tepoztlán, es importante hacer notar que la tierra comunal no estaba repartida de una forma pareja. Durante el siglo XVI había tres distintas formas de propiedad o uso de la tierra; primero, los *macehuales* (gente común) recibían una cierta cantidad de tierra a través de los barrios donde vivían; segundo, los principales y el cacique, que recibían una porción mucho mayor de la tierra aprobada por el marquesado; y tercero, los *tequinanamiques* que no tenían acceso a tierra de ninguna especie y cultivaban las ajenas como aparceros. Los *macehuales* recibían parte de la tierra que correspondía al barrio donde vivían, según Carrasco "las diferencias socioeconómicas dentro del grupo *macehual* se manifiestan también en la cantidad bastante variable de tierra que tienen los distintos tributarios" (1976: 108). Esta variación responde en parte a factores como el tamaño de la familia del *macehual* o de si tiene renteros; pero también responde a desigualdad de oportunidades entre *macehuales*. Una vez que los mandones o *tehcutli* de barrio repartían tierra a un *macehual*, éste tenía derecho a ella en perpetuidad y a proclamar sus herederos —sólo perdía este derecho si dejaba de pagar tributos al marqués. Esto significa, desde luego, que en cualquier momento dado hay diferencias importantes entre la cantidad de tierra que tiene cada *macehual*. Cabe subrayar, por último, que las funciones distributivas de los mandones y *tehcutli* sin duda habrán fortalecido su poder al interior del barrio.

Por otra parte, los principales dependían de la aprobación del marqués para mantener el tamaño de sus propios terrenos, así como para mantener la mano de obra requerida para trabajarlos. Después del descenso de población a finales del siglo XVI este sistema se modificó substancialmente; los *tequinanamiques*, que constituían la fuerza de trabajo de los principales y de los *macehuales* más ricos, fueron fundiéndose con los macehuales para formar una sola clase de comuneros, y los principales perdieron su dominio sobre grandes extensiones de propiedades porque no había ya suficientes hombres para trabajarla. Así, el descenso de la población tuvo efectos igualadores al interior de Tepoztlán, pues minó las bases de poder de la nobleza (aunque no del todo).

Control sobre la fuerza de trabajo

El marqués del valle nunca derivó la totalidad de su riqueza de sus propiedades; su prosperidad y poder dependían ante todo del control que guardaba sobre el *trabajo* indígena. García Martínez ha diferenciado entre tres tipos de ingresos del marquesado: aquéllos provenientes directamente de la jurisdicción señorial (tributos y trabajo en servicios); aquéllos provenientes indirectamente de la misma jurisdicción (censos enfitéuticos); y aquéllos que eran producto de las propiedades del marquesado. Cerca de dos tercios de los ingresos totales provenían de la primera categoría (1969: 145-152).

Había entonces dos formas de controlar la mano de obra —una, a través de la extracción de sus productos (en el caso de Tepoztlán se rendían mantas de varios tipos, maíz, cacao, guajolotes y huevos); y otra, en forma de trabajo directo. Aun hasta la década de 1590 muchos tepoztecos tenían que trabajar en las propiedades del marqués por órdenes del mismo; en particular sabemos que había tepoztecos trabajando en Taxco y Cuautla (ver Lewis, 1951:28). Posteriormente, a partir de finales del siglo XI, el sistema de trabajos forzados pasó a ser controlado por la corona en el sistema llamado "repartimientos" que caracterizó al resto de la Nueva España.[6]

---

[6] El sistema de los repartimientos se utilizó en la región hasta 1633 (Gibson, 1964:235). Gibson describe la organización del repartimiento en el valle de México: "Se instaló en cada una de las tres subdivisiones del valle un juez repartidor que era el responsable de la administración de los trabajadores indígenas y de su distribución a agricultores españoles. (...) Se averiguaba la población de cada comunidad contribuyente y de ella se extraía una cuota de trabajadores, en un principio

Este sistema de trabajos forzados funcionaba a través de la nobleza indígena y en particular de los mandones y *tehcutli* de los barios, que formaban cuadrillas de trabajadores que cumplían obligaciones dentro y fuera del pueblo. Esta función de oficiales de barrio se complementaba con sus funciones de distribución de tierras, recolección de tributos, y de control religioso, de tal forma que su poder local quedaba sólidamente establecido.

Además de este sistema de control *directo* sobre la mano de obra indígena en tierras españolas, también se permitió en las décadas inmediatamente posteriores a la Conquista que los *tequinanamiques* (renteros) trabajaran y rindieran tributo a los principales del pueblo, constituyendo la fuente principal de la riqueza de éstos. Así, el trabajo de los *tequinanamiques* constituía una parte fundamental del poder superior de los principales. Cuando los españoles decidieron que los renteros de los principales en realidad debieran de rendir tributo directamente al marquesado, se minó importantemente las bases del poder independiente de la nobleza indígena dentro de la comunidad, reduciendo sus funciones a las de intermediación entre el gobierno o clero y los *macehuales*.

de aproximadamente dos por ciento de los tributarios. (. . .) La operación local del repartimiento, que preocupaba muy poco a los españoles, siguió las formas del *cotequitl indígena*" (*Ibid.* 226-227).

Los productos del trabajo

La apropiación de los productos del trabajo indígena, el tributo, era una prerrogativa del marqués del valle. Tepoztlán tenía la obligación de producir mantas, maíz y otros producots. La extracción de estos tributos se hacía a través de la organización de los barrios; la responsabilidad última de recoger los tributos la tenía el cacique, quien enviaba los bienes a Cuernavaca.

En un estudio sobre un señor del *calpul* de Molotla (probablemente en Yautepec), Carrasco ha traducido del náhuatl la cantidad de tributo que se pagaba en relación a cada unidad de tierra: "Los de la casa son quince. Su tierra cuatrocientos de riego, doscientos de cerro. Por ella aparece su tributo cada ochenta días: cinco mantas de Cuernavaca, una nagua labrada, un huipil labrado. Lleva al año veinte mantas de Cuernavaca, cuatro trajes y naguas labradas. Y cada veinte días cuando da comida; tres mantas de tributo, dos toallas, ciento cuarenta cacaos, un pavo, diez huevos. Así son al año cuarenta mantas de tributo, veintiséis toallas, trece pavos, mil ochocientos cacaos, ciento treinta huevos. Cuatro veces de contribución al año, trece veces la comida, aquí está con su tributo" (1972: 231).

Capital productivo

Las necesidades anuales de capital de los tepoztecos en la época no son del todo claras; existe hoy y sin duda existía entonces una gran diferencia entre las necesidades de los agricultores con tierra arable y aquellos que cultivaban el *tlacolol*. Desgraciadamente no sé a ciencia cierta qué parte de la población se dedicaba a qué tipo de agricultura; sin embargo, es muy probable que —al igual que en todas las demás épocas— las mejores tierras de Tepoztlán hayan estado concentradas en manos de la élite local; y viceversa, las peores tierras normalmente iban a los grupos más estigmatizados, como los miembros de minorías étnicas, en el caso de Yautepec.

Si éste fue realmente el caso, está claro que una parte importante de la población indígena no requería de mucho capital productivo, ya que el *tlacolol* no requiere de inversiones significativas ni siquiera para el campesino más paupérrimo. Así, las necesidades de crédito de los tlacololeros se habrán limitado a las emergencias de la vida, a los gastos rituales importantes, y a las necesidades alimenticias que se agudizan en las épocas del año en que el maíz escasea y sube de precio (normalmente por los meses de junio, julio y agosto, después de la siembra pero aún antes de la cosecha). Estas necesidades ocasionales de dinero probablemente acentuaron las relaciones de poder entre las élites locales (de las que dependerían algunos de los préstamos) y el resto de la población.

Otras necesidades de capital más fuertes habrán acechado a aquellos que cultivaban con arado: acceso a un arado, a bueyes, y a gente que ayudara a producir. Las élites locales sin duda podían asimilar estos costos sin demasiadas dificultades, pero los *macehuales* comunes habrán requerido de préstamos o cuando menos de cooperación familiar.

El factor del control de los medios de dominación ideológica es el más complejo de los que he enumerado, pues fue en este campo donde se dio la mayor parte de lo que hoy llamamos "política"; las luchas por la legitimidad eran el lenguaje cotidiano en que se negociaba el acceso de cada grupo a los recursos del poder. Los conquistadores y sus herederos tenían en la Nueva España el derecho a tributos del trabajo indiano; sin embargo, esta forma de explotación económica iba justificada con pretensiones humanistas: rescatar a los salvajes del paganismo, la barbarie y el canibalismo; civilizar a los indios, enseñarles la fe cristiana, etcétera.

La mejor forma de lograr estas metas humanistas fue material de mucho debate político, filosófico y teológico: ¿eran los indios seres humanos? ¿tenían alma? ¿el deber de cristianizar acaso daba derecho a apropiarse los bienes indígenas? Estas preguntas estaban atadas a divergencias de opinión e interés entre españoles. Por una parte, los conquistadores y algunos sectores de la Iglesia estaban interesadas en legitimar la libre explotación de los indios —haciendo caso omiso de los estragos que provocaban en la población. Por otra parte, sectores importantes del clero y la intelectualidad española estaban influenciados por la ola humanista que sacudió a Europa en el siglo XVI: las ideas de Tomás Moro, de Erasmo, así como ideologías milenarias salidas del medievo (véase Pheland, 1956). Estos sectores pugnaban por una cristianización sin explotación económica, y se apoyaron en conceptos teológicos y filosóficos tanto como en la naciente rama del derecho internacional y del jusnaturalismo.

Además de estos dos grupos de tendencias opuestas, estaban los intereses de la corona que, ante todo, deseaba mantener su control sobre las colonias y evitar una rapiña total de sus recursos y población. Los intereses de la corona se aliaron con el sector humanista de la Iglesia en defensa de los indios, ya que era aparente que los conquistadores podían exterminar a la población indígena. Así, se promulgaron leyes que hacían menos fácil que los conquistadores legitimaran su avidez por explotar a los conquistados; a partir de entonces los conquistadores necesitarían del apoyo de la Iglesia y del gobierno virreinal para moverse a rienda suelta.

La libertad relativa que tenían los hacendados de explotación y apropiación de bienes indígenas estaba severamente restringida por el clero y la corona. Evidentemente esto implicaba que los indios necesitaban de las mismas alianzas para legitimar *sus* posesiones frente a los hacendados. Estas luchas por acceso a legitimidad y apoyo político están elocuentemente descritas por De la Peña para los altos de Morelos. De la Peña analiza en muchas diferentes esferas el modo en que se conformaban las alianzas entre los hacendados, la nobleza indígena, la Iglesia, la administración colonial y el pueblo. Una de las instancias más interesantes en estas articulaciones eran las fiestas religiosas del pueblo, que para el clero "era(n) confirmación del éxito de su misión y de la importancia de su papel en un pueblo indígena. Este factor fundamental de los intereses de los sacerdotes en las fiestas está relacionado con su esta-

132

tus legal respecto al gobierno civil. (...) Y las fiestas eran la ocasión crucial para expresar alianzas entre los funcionarios indígenas y los curas" (1980:74). Por otra parte, "...resulta claro que los indios estaban indefensos frente a esas amenazas (de invasión) sin la protección de los magistrados de la corona y de los misioneros. Esta protección estaba garantizada en un contexto de planificación regional... El esplendor de la fiesta, la ansiedad de la gente por participar en ella, no sólo reflejaba la riqueza, la devoción de la comunidad; eran también una afirmación simbólica de los patrones de cooperación asimétrica entre la colonia —en su manifestación de burócratas y clérigos— y los indios" (*Ibid.*: 73).[7]

En cierta forma, gran parte de lo que podríamos llamar "la política" en la época colonial en Tepoztlán se habrá dado en los tejemanejes de los distintos grupos: indios, nobleza indígena, gobierno, clases dominantes e Iglesia, por el acceso a la legitimidad (especialmente en el caso de los hacendados y de los indios)

---

[7] Como una crítica marginal a esta afirmación en general válida de De la Peña, cabe notar que los motivos *personales* de los participantes en las fiestas no eran únicamente simples "reflejos de la riqueza y devoción de la comunidad", también eran (y son) resultado de los anhelos, alegrías y frustraciones individuales. El sociologismo de De la Peña a veces lo lleva a reificar a la acción social e identificar los *motivos* de los actores con los *efectos* de sus acciones. Aunque el fervor de los participantes haya llevado a un mejoramiento de las relaciones entre la comunidad, la Iglesia, la administración y la hacienda, esto no significa que los participantes tomen las fiestas como un deber político para reforzar dicha solidaridad.

y por acceso al poder (sobre todo por parte de la administración y de la Iglesia).

El otro tipo de acción política era el de la rebelión indígena, que tenía como precondición, sin duda, un largo periodo de voracidad hacendaria, o una escisión entre Iglesia local y Estado, o bien un resquebrajamiento del poder del Estado sobre los hacendados. Sin duda estas rebeliones eran un peligro continuo que los colonizadores tenían presentes en las épocas de política "normal".

Así se creó todo un idioma para expresar las luchas políticas entre grupos y clases: el idioma legal de la burocracia por una parte, el idioma ritual de la religión y la violencia por la otra. Estos eran los campos de batalla en que se negociaban las fuerzas relativas de cada grupo. La supremacía relativa de uno u otro dependía en cada momento de una combinación complicada de factores, como por ejemplo los precios de mercado de los productos de la hacienda, sus necesidades de tierra y de trabajo, las tendencias demográficas del momento, las relaciones entre clero y Estado, etc. De tal forma que la estructura de poder colonial seguía una dinámica reproductiva compleja que dependía de estos factores.

La reproducción y contradicciones del poder

Las figuras 1, 2 y 3 resumen gráficamente las jerarquías regionales del poder político, económico y religioso, durante la Colonia; en ellas se puede ver tanto la forma en que se controlaban los recursos internos del poblado como las relaciones de subordinación que éste guardaba hacia niveles más altos en las jerarquías. Las tres jerarquías deben de ser imaginadas yuxtapuestas una a la otra, ya que juntas dan una idea esquemática del sistema de poder en Tepoztlán.

La gran similitud estructural en la organización de estas jerarquías sobre todo dentro del pueblo de Tepoztlán no es ninguna coincidencia histórica: las mismas formas de organización política se utilizaron para organizar la extracción de tributos, y los servicios y deberes de la Iglesia —esto facilitaba la dominación del pueblo, creando un sistema unitario de poder. Por otra parte, las divergencias que existen entre estos tres sistemas tienden a ocurrir en niveles de la jerarquía más altos que los de la comunidad; así, económicamente la comunidad respondía al marquesado y a las haciendas colindantes; en lo religioso dependía de la diócesis de Cuernavaca y el arzobispado de México; y políticamente del marqués del valle y el virrey. Estas diferencias en los niveles más altos de las jerarquías de poder son las que dieron lugar a los tejemanejes que hemos descrito como la esencia de la política en Tepoztlán; las divergencias de intereses a niveles superiores dio pie a un sistema complejo de alianzas al interior de Tepoztlán y entre la Iglesia, el gobierno, el marquesado y los hacendados menores.

Así, la dinámica reproductiva de la economía política en Tepoztlán puede ser analizada en las relaciones cambiantes que había entre los siguientes factores: 1) presión sobre la tierra; 2) presión para aumentar tributos, servicios y tasaciones; 3) necesidades políticas del

135

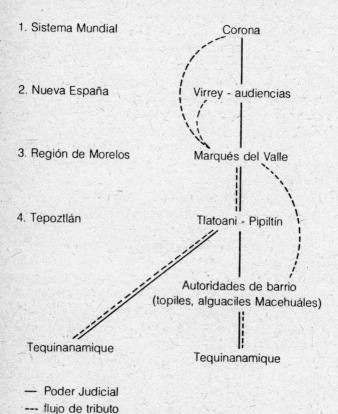

1. Sistema Mundial   Corona

2. Nueva España   Virrey - audiencias

3. Región de Morelos   Marqués del Valle

4. Tepoztlán   Tlatoani - Pipiltín

                              Autoridades de barrio
                    (topiles, alguaciles Macehuáles)

Tequinanamique   Tequinanamique

— Poder Judicial
--- flujo de tributo

FIGURA 1.

PODER POLÍTICO-JURÍDICO (flujo de tributo y de jurisdicciones)

136

FIGURA 2.

CONTROL DE TRABAJO Y TIERRA

1. TRABAJO

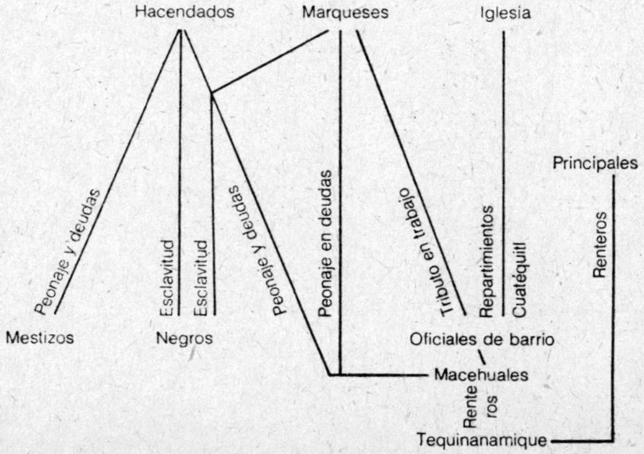

2. TIERRA

Marqueses: haciendas y propiedades urbanas

Hacendados: haciendas y propiedades urbanas

Iglesia: haciendas y propiedades urbanas

Principales: tierra privada en el municipio

Macehuales: tierra comunal

Tequinanamique: sin tierra

137

curato; 4) relaciones entre el marquesado y la corona. La variación e interrelación entre estos factores produjo una dinámica que determinaba el grado de apertura de la comunidad hacia el exterior, así como el poder relativo de los grupos al interior del pueblo.

Por ejemplo, la presión sobre la tenencia de la tierra en Tepoztlán tuvo que haber variado en relación a dos factores: la tendencia a invasiones de tierra por parte de los hacendados, la mala distribución de la tierra comunal o la presión interna resultante del crecimiento demográfico. Este último factor es claramente de menor importancia que los primeros dos ya que las fluctuaciones en el crecimiento de población en Tepoztlán parecen haber sido semejantes a las de México en general: un descenso dramático en el siglo XVI y principios del XVII y después una muy lenta recuperación hasta llegar a los 2 540 habitantes que registramos en 1807. Por otra parte, las tendencias expansionistas de los hacendados y de los terratenientes al interior de Tepoztlán variaban junto con factores económicos del mercado nacional o mundial y con la permisividad de las autoridades.

Al mismo tiempo, la permisividad de las autoridades políticas dependía principalmente de dos factores: o bien de su debilidad interna, o bien de una alianza con los hacendados que resultaba productiva para la corona o la burocracia. Esta condición se habrá dado sobre todo cuando los ingresos de los hacendados eran muy elevados y podían filtrarse parte de su riqueza al gobierno a través de impuestos o del soborno. Los ingresos de los hacendados eran altos cuando los precios en

138

el mercado para sus productos eran favorables... Así, había invasiones de tierras cuando el precio de mercado para los productos hacendarios eran muy elevados, o cuando el gobierno no se los podía impedir.

Los periodos de invasión tendían a abrir comunidades como Tepoztlán, ya que menos habitantes podían producir para su propia subsistencia, y por lo tanto dependían de trabajos afuera del pueblo. Al mismo tiempo, los periodos extensos de invasión hacían que aumentaran las posibilidades de que los campesinos se rebelaran —sobre todo cuando no había oportunidades satisfactorias de trabajo afuera del pueblo. Las rebeliones, en general, eran intentos de volver a cerrar la comunidad a las intromisiones externas, de restablecer ciertos niveles de autosuficiencia comunitaria, sea económica, política o religiosa.

Situaciones parecidas pueden ser descritas para los efectos de los aumentos en tributos y en las demandas sobre el trabajo en la iglesia local. Aumentos en las necesidades de tributos del marqués o de la Iglesia podían producir efectos análogos; en realidad sólo el gobierno virreinal representaba una institución relativamente neutral y desinteresada en la rapiña directa del pueblo.

Era importante para el pueblo que hubiera un cierto balance entre las fuerzas de la Iglesia, el gobierno y los hacendados, y que las oposiciones de intereses entre algunos de estos se mantuvieran constantes. Esta era la única forma de que la comunidad "gozara" de alguna estabilidad política y económica. Como mantener este "equilibrio" era de hecho imposible, ya que dependía de una variedad demasiado amplia de factores (como las condiciones del mercado nacional e internacional, las necesidades fiscales del gobierno, el estado administrativo del marquesado, las necesidades de legitimación de las iglesias, los ideales de los curas y de la nobleza indígena, etc.), la comunidad tendía a oscilar entre épocas de relativa autosuficiencia y épocas de descomunalización.

Las épocas en que los tepoztecos podían vivir de la cosecha de sus propias tierras deben de haber sido (como, en verdad, lo son hoy día) muy gratas para éstos. Por otra parte, si en épocas de cerrazón de la comunidad los campesinos no tenían suficiente tierra como para comer adecuadamente, una de las pocas alternativas a la muerte por hambre era la invasión de tierras vecinas. Normalmente los pueblos de Morelos invadían las tierras comunales de pueblos vecinos, ya que la invasión de tierras hacendarias traía, sin duda, medidas represivas más agudas. Por otra parte, las épocas de apertura podían ser mejores o peores para los tepoztecos según la cantidad de ingresos que podían obtener en su trabajo fuera de las tierras comunales. Si éstos eran escasos, la tendencia habrá sido hacia la rebelión o bien a la disminución de la población.[8]

[8] Este tipo de análisis de las causas de las rebeliones como un resultado complejo de una serie de variables (y no sólo directamente de factores económicos inmediatos como los precios del maíz) está ausente en el libro de Taylor (*op. cit.*). Si Taylor hubiera tomado estos factores en cuenta habría llegado inevitablemente a la conclusión de que los patrones de rebelión que él describe son características de *ciertos tipos* de comunidades (sospecho que serían sobre todo aquellas comunida-

El mismo tipo de análisis se podría aplicar a la situación del liderazgo en los barrios y de la nobleza indígena: sus bases de poder dependían de su capacidad de mediar entre las instituciones dominantes (gobierno, Iglesia y haciendas) y los indios comunes. La capacidad de mediación de los líderes indígenas era, a su vez, una función de la cantidad de poder que las autoridades querían o tenían que delegarles. Por último, estos factores dependían de las tácticas de poder que decidían tomar los españoles, en conjunto con factores internos del poblado como el grado de su aculturización(ya que una de las funciones del liderazgo era la de traducir del castellano al náhuatl), en qué grado seguían voluntariamente los *macehuales* a la nobleza indígena, etc.

En conclusión, Tepoztlán durante la era colonial estaba inserto en un sistema de poder en el que las instituciones que lo gobernaban estaban a niveles más altos que el de la comunidad: el marquesado del valle, los hacendados y haciendas colindantes, la política virreinal y la de la Iglesia. La relación entre estas instituciones —tanto internas como con Tepoztlán— era lo que determinaba el campo político: las alianzas de los indios con la Iglesia eran a veces su única defensa en contra de la invasión hacendaria, las malas relaciones entre el marquesado y la corona limitaban la extracción de servicios y tributos, etc. Al mismo tiempo, los actores de adentro de Tepoztlán fueron cambiando, el rejuego entre las instituciones del imperio español tuvo entre

des que, por su posición relativamente periférica a la economía regional, mantenían un cierto grado de autosuficiencia en su producción).

muchos otros efectos el de diezmar la población tepozteca a casi un sexto de lo que originalmente fue. Esto,
junto con la consolidación del poder español a nivel
regional, debilitó las bases del poder de la nobleza indígena y tuvo el efecto de disminuir la diferenciación
social al interior del sector indígena. Por otra parte, surgieron nuevos grupos sociales bien diferenciados, como
el de los mestizos y el de los españoles. Además de que
los conquistadores procuraron dejar que subsistieran
ciertas diferenciaciones entre indígenas; esto se logró
—como hemos visto— manteniendo a la nobleza indígena en su papel de intermediaria y apoyando de una
manera implícita la competencia entre barrios y entre
pueblos por acceso a la tierra comunal.

Independencia

El periodo de 1810 a 1870 es el más oscuro de la historia de Tepoztlán. Sin embargo, sabemos que fue un
periodo de cambios drásticos en la organización de la
economía regional, así como de la estructura política-
burocrática en general.

En primer lugar, se revolucionó la organización del
trabajo. En el sistema colonial la posición de clase de
un individuo, sus deberes de trabajo y su relación con
los medios de producción estaba condicionada por la
categoría étnica a la que pertenecía: los "indios" tenían
que rendir tributo, trabajar en cuatequitl, y tenían derecho a tierra comunal; los españoles podían ser propietarios, burócratas, comerciantes o curas; los "negros"

eran esclavos, etc. Este sistema de organización eco-nómica desapareció con la Independencia. De esta manera, los indios se convirtieron en "trabajadores libres" en las haciendas de los valles. Sin embargo, la posesión de la tierra comunal fue mantenida en Tepoztlán.

Por otra parte, la élite local fincó su poder en la propiedad particular de la tierra arable del municipio, en el comercio y en su control político sobre la presidencia municipal, que le daba también cierto control sobre el acceso a las tierras comunales. Pero el dominio de la élite sobre la presidencia municipal parece haber dependido sobre todo de la aprobación de los grandes hacendados del valle, cuyo control directo sobre la comunidad —si es posible imaginarlo— se acrecentó en relación al que tenían durante la Colonia.

El aumento del poder de las haciendas sobre Tepoztlán sucedió a pesar del fin de los deberes tributarios de la comunidad para con ellos. Más bien el aumento respondió al descenso del poder tanto de la Iglesia como de la burocracia en el pueblo.

De la Peña indica que la presencia del clero en toda la región (y, en verdad, en todo México) disminuyó importantemente después de la Independencia, y que esto marcó un periodo de auge para la organización y creencias religiosas localistas. Es decir, que el resquebrajamiento de la organización jerárquica de la iglesia permitió que cultos locales de la zona cobraran auge y dominaran la escena religiosa (1980:85-87). Por otra parte, el poderío del Estado colonial no fue rápidamente restablecido en México después de la Independencia: la desarticulación entre las regiones económicas y políticas

143

caracterizó esta época; el Estado mexicano era débil. Así, los niveles de la región y de la comunidad adquirieron una importancia relativamente mayor a la del nivel nacional —tanto en el campo político como el económico.

Esto significa que la naturaleza de "la política" en Tepoztlán se alteró substancialmente: ya no se trataba de maniobras complejas entre indios, terratenientes, nobleza indígena, Iglesia y gobierno. Es probable que el gobierno federal, y aun el del estado de México (al que perteneció Tepoztlán hasta 1869) hayan tenido muy poca injerencia en los asuntos de la comunidad —no sólo por la incapacidad y desorganización del aparato burocrático, sino también por las ideologías económicas burguesas que comenzaron a cobrar auge con la Independencia. Las ideas sobre la propiedad privada y la libertad del individuo frente a los mercados eran parte integral del movimiento independentista en México. Por otra parte, el poder de la Iglesia frente al Estado, aunque aún enorme hasta las reformas de Juárez y Lerdo, no actuaba tan directamente en las comunidades rurales como durante la Colonia; además de que su papel de "defensora de indios" había ido disminuyendo desde la época colonial tardía y prácticamente desaparece con la Independencia.

Las figuras 4, 5 y 6 resumen la estructura jerárquica de la economía, política y religión en este periodo. En ellas se ven esquemáticamente reproducidas las diferencias que venimos subrayando: la estructura de la economía regional sufre importantes cambios en relación a la Colonia, eliminándose los sistemas de tributo y reforzándose las relaciones asalariadas entre la mayor parte de los tepoztecos y los hacendados o la élite local. Los lazos entre la iglesia local y el resto de la jerarquía eclesiástica están muy atenuados, y la estructura política modifica la participación formal de los barrios, ya que a partir de 1865 los representantes políticos de cada demarcación eran en teoría distintos a los representantes religiosos de cada barrio. La creación del sistema de demarcaciones eliminó las bases formales para el isomorfismo entre la organización religiosa y la organización políticoadministrativa.

Además, las jerarquías económicas y políticas también se transforman en este periodo —sobre todo en el nivel regional y en el de la comunidad misma— ya que el marqués del valle deja de tener jurisdicción formal sobre Tepoztlán aunque, junto con algunos otros hacendados, mantiene su poder en la región hasta mediados del siglo. Por otra parte, como la burocracia estatal estaba muy debilitada en este periodo, la política dentro de Tepoztlán estaba dominada por los hacendados, y la élite local.

El porfiriato

Es a partir de la década de 1870-79 que podemos dejar a un lado la historia conjetural y pasar a terreno más firme: la información que pude recabar directamente en Tepoztlán:

Hacia el final del siglo pasado Tepoztlán conservaba aún sus tierras comunales. Gracias al hecho de que la mayor parte de las tierras del municipio son de monte

146

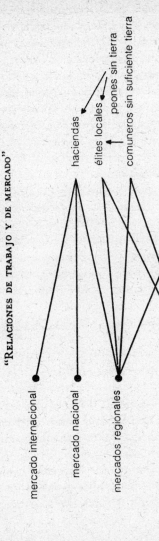

"RELACIONES DE TRABAJO Y DE MERCADO"

mercado internacional

mercado nacional

mercados regionales

mercado local

haciendas

élites locales

peones sin tierra

comuneros sin suficiente tierra

comuneros y minifundistas autosuficientes

FIGURA 4. (Independencia).

y por ello inútiles para la agricultura comercial, y que
la poca tierra arable del municipio no contaba con agua
de riego, los hacendados del valle demostraron relatí-
vamente poco interés por adquirir las tierras tepoztecas. Las haciendas circunvecinas a Tepoztlán —Oacalco, San Gaspar y Apanquetzalco— se limitaron a invadir
una sección de tierra fértil en los actuales límites con
Yautepec y una fracción de lomerío y monte por el
lado del pueblo de Santa Catarina para pastar mulas.
La expropiación de terreno afectó sobe todo a los pueblos de Santa Catarina, San Andrés de la Cal y Santiago
Tepetlapa.

Esta relativa falta de injerencia de las haciendas en
las tierras del municipio no significa que hubiera poca
relación entre Tepoztlán y éstas; como me dijo un informante:

Estos pueblos eran refugios donde vivían los peones de
las haciendas; los de Tepoztlán eran peones de Oacalco
y Apanquetzalco, junto con los de Ixcatepec, Santiago y
Amatlán. Los de Mariaca y San Andrés trabajaban en
San Gaspar.

Tepoztlán no necesitaba de invasiones para sufrir una
escasez de tierra: la población del pueblo había crecido
de 2 540 habitantes en 1807 a 4 163 en 1890, con un
total municipal de 8 589 habitantes; además de que
gran parte de la tierra arable del municipio estaba en
manos de la élite local. Únicamente los habitantes de
San Juan y Santo Domingo lograron mantenerse como
productores relativamente independientes, y esto se de-

bió a su lejanía relativa, y porque muchos de los pobladores vivían de venderle leña a las haciendas.

Así, buena parte de los tepoztecos trabajaba de día en las haciendas y en la noche regresaban al pueblo a dormir. Tepoztlán era una fuente de mano de obra para las haciendas, un ejército laboral de reserva del que podían echar mano los hacendados cuando se encontraban en proceso de expansión y al que podían despedir cuando no lo necesitaban. Shane Hunt (1972) describe uno de los mecanismos claves para la subsistencia de las haciendas tradicionales; se trata del poder que tenían de controlar la mano de obra de una región a través de la limitación del tamaño de los minifundios campesinos que se encontraban en la periferia de los sistemas regionales. Cuando la hacienda requería de más mano de obra barata, limitaba la cantidad de parcelas que le daba a los campesinos y hacía lo contrario cuando requería de menos mano de obra. Pueblos como Tepoztlán carecían de tierra y de riego, y dependían de las fuentes de trabajo que ofrecían las haciendas; a su vez éstas extraían mano de obra barata aprovechando el hecho de que los campesinos de la sierra complementaban sus ingresos con los rendimientos de las parcelas comunales. Por último, a la dependencia sobre el salario hay que sumar la dependencia de algunos comuneros del mercado para sus productos que constituía la hacienda. El ejemplo principal en Tepoztlán era el de la leña —producto fundamental en los pueblos de San Juan y Santo Domingo e importante también en Tepoztlán y Amatlán: las haciendas constiuían el mercado principal para la leña durante el

148

ORGANIGRAMA DE LA JERARQUÍA DEL PODER EJECUTIVO

FIGURA 5. (Independencia).

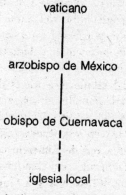

FIGURA 6. La nueva organización religiosa.

porfiriato y tenían el poder de estimular o inhibir la explotación del monte comunal.

Al interior de Tepoztlán la situación de clases estaba bien polarizada. Por una parte estaba la élite local, es decir los caciques. Estas familias se identificaban culturalmente como el grupo criollo del pueblo (aunque quizá hayan sido también descendientes de la antigua élite indígena que se fue hispanizando), habitantes del centro (versus las orillas), iban a misa a la iglesia central y no a las capillas de los barrios, participaban más activamente en las fiestas profanas (sobre todo el carnaval) y menos en las fiestas religiosas de los barrios.

Los caciques usaban más el español que la mayoría de los tepoztecos, aunque también sabían hablar náhuatl. Así que los caciques se identificaban a sí mismos como cultural y étnicamente distintos al resto de los tepoztecos.

Desde el punto de vista étnico los caciques derivaban su poder de varias fuentes: controlaban una gran parte de la propiedad arable del municipio, mismo que llegó a ser considerada privada y no comunal; controlaban la presidencia municipal, debido a su poder económico y a sus relaciones con los hacendados y/o con líderes políticos del estado, y a través de ella el acceso a la tierra comunal; por último, manejaban buena parte del comercio y del crédito del pueblo. Las familias ricas de Tepoztlán, en esa época, eran ganaderas y participaban en una red de comercio en que adquirían productos manufacturados en Cuernavaca o México y los llevaban al sur de Morelos y a Guerrero donde los cambiaban por ganado de engorda que regresaban a

Tepoztlán y que mantenían tanto en sus propiedades como en los cerros comunales.[9]

Además de estas ventajas económicas, las familias de los caciques tenían acceso a la educación elemental. Desde la década de 1860 se creó una pequeña escuela particular en la que se impartía hasta tercer o cuarto grado; muchos de los hijos de caciques estudiaban ahí y algunos salían del pueblo después para seguir carreras en Cuernavaca o en México. La élite letrada de Tepoztlán destacó lo suficiente como para ganarle al poblado la fama de ser "el Atenas de Morelos".

Del otro lado estaba el grupo social que a falta de mejor nombre llamaré "pueblo". El "pueblo" se componía principalmente de los campesinos, los jornaleros de las haciendas y los carboneros y leñeros. A pesar de no ser un grupo económicamente homogéneo, éste era a grandes rasgos el grupo de los pobres (que en esa época eran también identificados como los "indios"). Políticamente hablando, "los pobres" tenían una organización interna más débil que la de las clases poderosas (caciques y hacendados), ya que muchos factores obstaculizaban su agrupación organizada. En primer lugar, siempre es más difícil organizar políticamente a un contingente numeroso y heterogéneo que a un puñado de gentes que evidentemente comparte intereses; segundo, las relaciones de patrón-cliente creadas entre pobres y ricos a través de las relaciones de trabajo o

[9] Es probable que haya habido una tradición larga de ganadería en el pueblo, ya que hay menciones de mulas y muleros en varios pueblos de la zona norte de Morelos. Véase: Dávila, 1976:19; y Gerhardt, 1972.

crédito cortaban verticalmente las líneas de las clases sociales, dificultando la identificación entre pobres; tercero, la organización por barrios fomentaba una rivalidad políticoreligiosa entre distintos sectores geográficos del pueblo, que se acentuaban por hechos como el de que sólo los barrios de la parte alta tenían agua, o que la gente de los barrios de abajo tenía pretensiones de ser criollos y no "indios".

Durante todo este periodo, como en las épocas que lo precedieron, habían muy pocas ocupaciones remuneradas fuera del sector agrícola, así que había sólo un sector social muy pequeño entre los caciques y los pobres. En 1927 la situación era la siguiente: "Por un lado están aquellos especialistas —comerciantes y artesanos— que practican técnicas europeas y que adquirieron sus profesiones principalmente a través de la competencia económica. En general encontramos a éstos cerca de la plaza. Por otra parte están las parteras, los hierberos y los coheteros, que practican técnicas más antiguas y tradicionales y que, en la mayoría de los casos, se posesionaron de sus roles por nacimiento" (Redfield, 1930:220). En 1926 habían 69 especialistas en el pueblo, de los cuales 5 eran tenderos, 2 eran maestros, 3 carniceros, 2 zapateros, 3 carpinteros, 4 albañiles, 2 herreros, 6 panaderos, 5 peluqueros, 23 curanderos y parteras, 3 chirimiteros, 2 *huehuechiques* (receptores de pagos para las fiestas de los barrios), 2 coheteros, 3 fabricantes de máscaras de chinelos, 2 "mágicos" y 2 mercantes de maíz (Lewis, 1951:102). Aunque en la época previa a la revolución había más especialistas (y más gente) que en 1926, la proporción entre las distintas ocupaciones debe de haber sido semejante; la baja cantidad de especialistas de tiempo completo reflejaba la incapacidad económica del pueblo para mantener a una clase no agrícola.

La combinación de todos estos factores: la división interna entre "los pobres", la organización más efectiva de los caciques, el gran poder de los hacendados y su apoyo a los caciques, la inexistencia de una clase media que se identificara a sí misma como una clase distinta a la de los ricos o de los pobres, llevó a que la política tepozteca estuviera dominada establemente por los caciques.

Los ricos del pueblo actuaban políticamente de una forma coordinada, en general bajo el liderazgo de los hermanos Pedro y Vicente Ortega, quienes ocuparon alternadamente la presidencia municipal aproximadamente de 1893 a 1910, y a través de su control sobre ésta fueron los mediadores naturales entre el gobierno estatal y el grupo de los caciques por un lado, y el pueblo como un todo por el otro.

Es importante subrayar que los grupos dominantes de la época tenían un alto grado de poder independiente en el pueblo: ejerciendo control sobre recursos como tierra y crédito. Aunque el nexo con el gobierno del estado era muy importante, y probablemente el control de la presidencia municipal era indispensable para la eficacia de su poderío interno, no hay que subestimar su propia base de poder.

La figura 7 es un esquema del sistema de poder en el pueblo. En él resalta el hecho de que los tepoztecos comunes, los pobres, tenían muy pocas alternativas en

153

el sistema: el poder regional estaba monopolizado por los hacendados, que controlaban al gobernador y tenían poder sobre los caciques, de tal forma que había poca cabida para el rejuego político y la negociación entre ricos y pobres. El resultado último de esto fue que el pueblo venció por un tiempo sus trabas organizacionales y se unió en parte a grupos revolucionarios que se levantaron en la insurrección regional que fue el zapatismo.

LA REVOLUCIÓN

El crecimiento desmedido de la economía azucarera morelense, estimulado por las condiciones del mercado internacional, acabó por matar a la gallina de los huevos de oro; es decir, la relación de simbiosis que guardaban los hacendados con los campesinos de los pueblos. El auge y la expansión de las haciendas terminó con un colapso violento del sistema, seguido por prolongadas luchas en que se trataba de determinar el tipo de política económica y composición de los grupos de poder que compondrían el nuevo gobierno revolucionario.

Gran parte de los campesinos morelenses y muchos tepoztecos, apoyaron una alternativa a la que podríamos llamar "campesinista", encarnada en el movimiento zapatista. Esta ideología propugnaba en cierta forma la creación de (ellos hablaban del *retorno a*) una economía regional en que las comunidades, los pueblos, no tendrían que compartir ni someterse a las haciendas —se trataba de lograr la autosuficiencia de los campesinos en sus propias tierras y de eliminar las haciendas

154

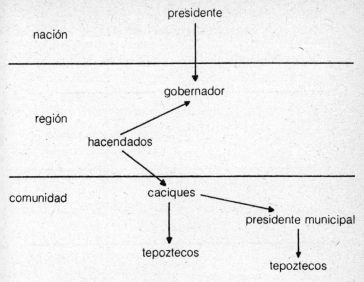

FIGURA 7. Esquema del poder social durante el porfiriato.

que, por ocupar el terreno fértil, obligaban a los campesinos a ser asalariados.

La revolución en Tepoztlán fue especialmente violenta y tiene poco sentido discutir la estructura de poder en este periodo tan inestable y caótico. Basta recordar que en el periodo revolucionario la población tepozteca disminuyó en más de un 50%, que en los años de 1915 y 1916 el pueblo fue casi totalmente abandonado, que muchos tepoztecos emigraron a la ciudad de México, que otros tantos vivían en la montaña o en los campamentos zapatistas. Algunos más fueron deportados a Quintana Roo y nunca volvieron.

155

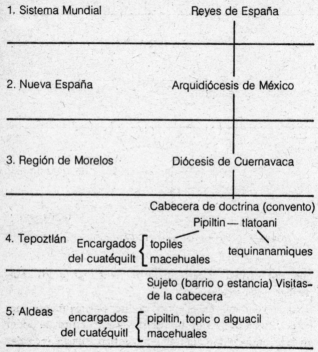

PODER ECLESIÁSTICO
Niveles en la jerarquía organizacional

1. Sistema Mundial — Reyes de España

2. Nueva España — Arquidiócesis de México

3. Región de Morelos — Diócesis de Cuernavaca

4. Tepoztlán — Cabecera de doctrina (convento)
Pipiltin — tlatoani
tequinanamiques
Encargados { topiles
del cuatéquilt { macehuales

5. Aldeas — Sujeto (barrio o estancia) Visitas de la cabecera
encargados { pipiltin, topic o alguacil
del cuatéquitl { macehuales

FIGURA 8.

También vale la pena apuntar que no todos los tepoztecos —ni mucho menos— eran zapatistas. La mayoría parecen haber sido "pacíficos" que huían a los
cerros a la entrada tanto de los federales como de los zapatistas. Sin embargo, las simpatías de los pacíficos

156

estaban más con los zapatistas que con los federales, ya que éstos no hacían distinciones entre "pacíficos" y combatientes. Además de que pocos campesinos estaban en contra de la idea de una repartición más justa de tierras. Así fue que la ideología campesinista ganó mayoría en Tepoztlán, si bien gran parte de los tepoztecos evitaban en lo posible el contacto con ambos ejércitos.

1920-1928

El final de la revolución no marca un término a las luchas de poder entre distintas facciones y clases sociales. La huida de los caciques al Distrito Federal, el establecimiento de elecciones municipales libres, la existencia de fuertes grupos zapatistas con apoyo del gobierno estatal (también dominado por exzapatistas), y de una serie de organizaciones que brindaban al pueblo nuevas opciones políticas fueron factores para la configuración de un nuevo estilo de política, en el que las alternativas se multiplicaron para los tepoztecos.

Un factor clave para comprender la vida política de este periodo es que la base de poder de los caciques se erosionó. Durante el porfiriato uno de los recursos importantes que controlaban los caciques era el acceso a la tierra comunal y al bosque: esto se lograba a través del control sobre la presidencia municipal, que se conseguía gracias al poder económico interno de los caciques y a sus conexiones con los gobernadores y hacendados. Pues bien, la instauración de elecciones populares tendió a llevar al poder presidentes municipales

157

campesinos, generalmente simpatizantes zapatistas. Además, en el periodo inmediato posterior a la revolución los caciques perdieron el apoyo de los gobernadores, que eran ellos mismos zapatistas, de tal forma que el poder de los caciques sobre la propiedad comunal y el destino de los bosques quedó minado. El otro recurso fundamental de los caciques —su poderío económico basado en el control sobre tierras particulares, crédito y comercio— no fue totalmente destruido por la revolución, pero sí disminuyó en importancia. La destrucción y el pillaje, la emigración y la fuga de capitales a México disminuyó importantemente el tamaño de las fortunas de la élite.

Paralelamente al debilitamiento de los caciques, los hacendados perdieron su poder de injerencia casi directa en la política local de Tepoztlán —además de que los capitales hacendarios se vieron muy mermados después de la revolución. El vacío político dejado por el debilitamiento de los caciques y hacendados fue llenado con una serie de opciones organizacionales: las elecciones populares permitieron el surgimiento de facciones realmente opuestas que competían por el poder local. Estas facciones buscaban alianzas con organizaciones y políticos a niveles supralocales y las encontraban en nuevas agrupaciones como la CROM, la Liga de Comunidades Agrarias, los cristeros, tanto como en los nuevos diputados, senadores, gobernadores y generales.

Las facciones en que se dividió Tepoztlán durante esta época estaban íntimamente ligadas, si bien no eran idénticas, a las divisiones de clase que existían durante el porfiriato: es decir, ricos contra pobres, caciques contra campesinos. Pero antes de contar la historia de sus confrontaciones hay que preguntarse cuáles eran los recursos locales que se estaban peleando, qué importancia tenía para estos grupos la presidencia municipal, y cuáles eran las políticas municipales que cada grupo propugnaba.

Ante todo, partamos de lo evidente: hasta el año de 1929 (con la reforma agraria) el ayuntamiento mantenía poder judicial sobre pleitos con respecto al acceso a la tierra comunal en Tepoztlán. De especial relevancia en este periodo era la cuestión de qué hacer con los bosques comunales. La disyuntiva era clara, explotar comercialmente la madera, mejorar los ingresos de muchos tepoztecos y amenazar los recursos de subsistencia del municipio, o mantener los bosques intactos, sin amenazar el futuro de la subsistencia de la comunidad pero manteniendo al pueblo en su nivel tradicional de ingresos.

Otras cuestiones que eran motivo de diferencias políticas eran el papel que jugaría la comunidad y el trabajo comunal (bajo la forma del cuatequitl) en el desarrollo de la comunidad, y la actitud del pueblo respecto a las reparticiones agrarias y el comunitarismo en general. Es importante notar, eso sí, que fuera del asunto de las tierras comunales los presidentes municipales tenían en sus manos poco más que el poder de organizar a los ciudadanos para alguna labor colectiva, el respaldo ocasional del gobernador para la realización de alguna obra, y los escasos ingresos (que generalmente no alcanzaban ni para el sueldo del ayuntamiento, según demuestran las actas de cabildo de la época) por impuestos municipales sobre el mercado, el rastro y sobre la tala de madera y el uso de tierra comunal.

El tema subyacente en los conflictos sobre estos recursos y actitudes era, por una parte, si la comunidad debiera de buscar mantener como una unidad campesina autosuficiente; por otra parte, si se podía aspirar a un igualitarismo interno en que los intereses campesinos rigieran la política local. Para poder lograr esto era necesario mantener al pueblo alejado de la estructura monolítica del poder que había caracterizado al porfiriato, había que combatir las bases de poder de los caciques.[10]

La revolución marcó un cisma definitivo entre "los ricos y los pobres", que se concretizó en la forma de dos facciones. Geográficamente estas facciones se identificaban como "los de arriba" (es decir, los de los barrios altos, los pobres) contra "los centrales" (los ricos); políticamente eran "los bolcheviques" contra "los caciques".

El origen histórico del grupo "bolchevique" es algo complejo y difícil de reconstruir. Una parte de la raíz ideológica y de las conexiones políticas del grupo surgió de la recientemente creada Colonia tepozteca en México". El otro componente ideológico, político y militar

[10] Es interesante notar que la política en Tepoztlán se dirigía sobre todo al sistema de clases *interno* de la comunidad y no tanto a la organización regional de la economía política; pareciera ser que el ideal zapatista en Tepoztlán consistía en ser una "comunidad independiente", aunque esta independencia fuera construida con base en la posición periférica de la comunidad en la economía regional.

surge directamente de elementos zapatistas encabezados por cuatro hermanos de apellido Hernández.

En 1920 se fundó en México la "Colonia tepozeca" [11] y comenzó rápidamente a inmiscuirse en la política de Tepoztlán para obtener apoyo institucional en sus "metas culturales". En 1922, a través de sus contactos con el gobernador José Parrés la colonia logró imponer a su candidato a la presidencia municipal, pero después de un tiempo de estar actuando el nuevo munícipe, dos miembros radicales de la colonia se dieron cuenta de que no estaba haciendo nada por impedir la tala del monte y presentaron sus protestas ante la colonia. Al ver que sus preocupaciones políticas no eran compartidas por el resto de los miembros de la asociación, los radicales renunciaron y formaron en el pueblo la Unión de Campesinos Tepoztecos; entre los muchos miembros de la unión estaban los hermanos Hernández.

Los Hernández eran oficiales zapatistas que habían sido estrechos colaboradores de los generales Timoteo y Marino Sánchez, de Tepoztlán. Se dice que ellos vengaron la muerte de Eufemio Zapata, matando a Cidronio Camacho, su asesino, y que por ello gozaban de la estima de Emiliano Zapata. En todo caso, los Hernández eran soldados con mucha experiencia militar, con fuertes convicciones políticas, y con un considerable séquito armado.

La ideología política de los "bolcheviques" consistía en 1) defender y preservar la propiedad comunal del

[11] La única copia del acta constituyente de la colonia que yo haya visto se encuentra en el archivo de la Secretaría de la Reforma Agraria, ramo de ejidos.

municipio; 2) acabar con el poder de los caciques; 3) detener la tala de los bosques; 4) fomentar la independencia y la igualdad interna de la comunidad a través del *cuatequitl* y de la repartición agraria. La Unión de Campesinos Tepoztecos estaba afiliada a la CROM y mostraba influencias del movimiento anarquista, incluyendo el uso de la bandera rojinegra, que le ganó al grupo el apelativo "bolchevique". Estas metas se lograrían a través de la organización política de la comunidad y de la vigilancia sobre la tierra comunal y el monte; es decir, con el control de las instituciones políticas y militares del municipio.

Los orígenes del grupo de los "centrales" están en el proceso reconstructivo en que los comerciantes y medianos terratenientes locales vuelven a formar una facción política ágil. La vieja élite económica había perdido las bases de su poder político: la mayor parte de los viejos caciques y políticos del porfiriato habían muerto o emigrado con la revolución; por otra parte, los miembros restantes de la élite no contaban con apoyo del nuevo gobierno. Para ganarlo, la élite necesitaría combatir políticamente a los "bolcheviques" dentro del pueblo, demostrando la incapacidad de éstos para gobernar adecuadamete. Este fue el origen de los "centrales".

La oposición a los "bolcheviques" requería de organización y de una base social mayor que únicamente la élite local. La figura de Juan Hidalgo, un tepozteco joven y emprendedor del barrio de Santo Domingo, supo llenar ambos requisitos: bajo el liderazgo de Juan Hidalgo la élite, que había estado dispersa y desconcertada, empezó a formular sus ataques a la Unión Cam-

pesina. Algunos de los ataques denunciaban que los de
la unión eran "bolcheviques", anticlericales y anticris-
tianos; que los "bolcheviques" abusaban de su poder
militar interno; y que la tala del monte podía constituir
un ingreso bien importante para el tepozteco común.
Esta ideología permitió que los "centrales" expandie-
ran su influencia a muchos tepoztecos que no eran parte de la élite local; los catrines se "descatrinizaron".

El poder "bolchevique" duró de 1922 a 1928. Los
primeros dos años fueron de turbulentas luchas por el
poder, entre 1922 y 1923 cayeron nueve presidentes municipales y los "bolcheviques" aún no lograban establecer
una hegemonía muy clara. Sin embargo, en 1924, cuando el general Adolfo de la Huerta se levantó en armas
contra el gobierno, los "bolcheviques" apoyaron la candidatura de Calles y fueron reclutados como voluntarios
para pelear contra la insurrección. Los Hernández y
su gente fueron a combatir junto con las fuerzas de
Genovevo de la O, y al triunfo de las fuerzas gubernamentales, fueron encargados de mantener el orden en
Tepoztlán con las armas que se les habían suministrado.
El poder militar de los Hernández les garantizó hegemonía política local durante tres años.

Durante esa época la estrategia de los "centrales" fue
la de mandar quejas por escrito al gobierno reportando
abusos de poder por parte de la milicia de los Hernández. Hasta el año 1927 estas quejas tuvieron pocos
efectos: el prestigio que habían conseguido los Hernández en la rebelión delahuertista fue incrementado
en 1926 cuando rechazaron un intento de algunos cristeros de tomar el pueblo. Además, Rafael Gutiérrez

—uno de los presidentes municipales de la Unión Campesina— instituyó con gran éxito el trabajo comunal y fue responsable de algunas mejoras importantes para el pueblo. Pero a fines de 1927, los "centrales" comenzaron a obtener resultados de sus continuas protestas ante el gobierno y el jefe de la zona militar: el gobierno amonestó a los Hernández, que —afectados por la tensión política del momento y por su inexperiencia en la política— se enfadaron y asesinaron cruelmente (lo amarraron a una plancha de cemento y lo tiraron a un estanque) a Valentín Ortiz, tendero importante de familia de caciques y encargado de escribir las cartas de protesta al gobierno.

Con este asesinato, el gobierno canceló el permiso policial a los Hernández y le dio poderes a Juan Hidalgo para que armara una defensa civil, que se formó con veinticinco hombres. Al ver que el respaldo gubernamental había desaparecido, los Hernández se escondieron. Según algunos informantes, se unieron a las fuerzas cristeras, a las que antes habían rechazado, para derrocar el nuevo orden revolucionario. Lo cierto es que se mantuvieron escondidos hasta el día 26 de febrero de 1928, un día de carnaval, cuando entraron al pueblo brincando disfrazados de chinelos pero con armas debajo de sus togas. Cuando llegaron cerca de la presidencia municipal los Hernández abrieron fuego sobre la defensa civil de Juan Hidalgo y liquidaron a casi todos sus miembros. El saldo total de muertos fue de veintidós además de muchos heridos. Entre los muertos estaban no sólo la mayor parte de la defensa de Hidalgo, sino también hombres, mujeres y niños inocentes. Ese evento marcó el final de los Hernández en Tepoztlán; el gobierno comenzó una persecución implacable y fueron asesinando a los cuatro hermanos uno por uno.

Así fue que Juan Hidalgo y los "centrales" tomaron las riendas del poder y formaron la cooperativa del carbón que hemos descrito en el capítulo anterior. Con la matanza del carnaval se deshizo la Unión Campesina Tepozteca y los "bolcheviques" se desbandaron, aunque un año más tarde se reagruparían en la llamada Unión Fraternal de Campesinos Tepoztecos.

Los primeros años de la década marcaron una era de opciones políticas múltiples para los tepoztecos. El poder político de los caciques quedó socavado, dejó de haber coordinación entre el gobierno del estado y los caciques locales; el capital de éstos se había reducido, y había más posibilidades de acceso a la tierra para el ciudadano común. Al mismo tiempo, algunos de los factores que habían hecho que en el porfiriato el tepozteco común estuviera sujeto a un dominio unitario, por ejemplo el poder económico de las haciendas y la propiedad particular de los caciques, persistían (aunque en forma debilitada) después de la revolución. Las nuevas alternativas organizacionales como la CROM, la Liga de Comunidades Agrarias, y la formación de uniones independientes como la de los campesinos tepoztecos proveían al pueblo con un rango relativamente amplio de posibilidades políticas, si bien los recursos económicos para desarrollar al pueblo eran escasos.

La figura 10 muestra los tipos de dominios de poder en el porfiriato, en el periodo de 1922-1928, y en el periodo inmediato posterior al triunfo de los "centrales".

El primer cuadro en la figura es un recordatorio de que durante el porfiriato los tepoztecos estaban enteramente sujetos al poder de los caciques y de los hacendados, y que la conexión que el estado mantenía con estos dos grupos no era más que un signo de la falta de alternativas políticas pacíficas para el tepozteco común. El segundo diagrama de la figura muestra los efectos de la revolución sobre la estructura de poder: entran al esquema dos elementos enteramente nuevos, organizaciones políticas tipo CROM, Liga de Comunidades y la Unión de Campesinos Tepoztecos, y los caudillos militares que surgieron con la revolución (principalmente los Hernández). La base de poder del estado cambió radicalmente con la revolución, dejando relativamente desamparados a los caciques y hacendados y liberando a la presidencia del control de éstos, incluso los seguidores políticos y dependientes encontraron en las nuevas agrupaciones políticas fuentes de protección contra sus antiguos patrones.

La multiplicidad de los dominios de poder en estos años se ve claramente limitada en el periodo inmediato posterior (véase tercer cuadro de la figura 9), cuando los Hernández perdieron el apoyo del gobierno y el grupo de los centrales tomó las riendas del poder local. El apoyo gubernamental a los "centrales", sumado al hecho de que estos ya estaban bien organizados bajo el liderazgo de Juan Hidalgo, hizo posible, como veremos en la siguiente sección, el resurgimiento de una estructura de cacicazgo en la que Juan Hidalgo controlaba la cooperativa del carbón, la presidencia municipal, el recientemente formado comisariado ejidal, y prácticamente todo el crédito del pueblo. En resumen, la revolución tuvo el efecto inmediato de abrir muchas alternativas políticas para Tepoztlán, empero la opción por una u otra alternativa implicó constantes confronta-

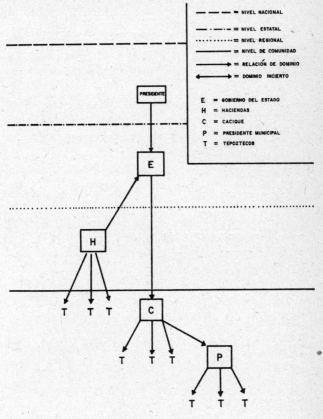

FIGURA 9. Cuadro 1.

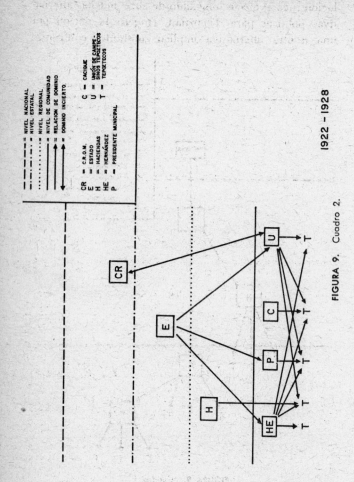

FIGURA 9. Cuadro 2.

1922 - 1928

NIVEL NACIONAL
NIVEL ESTATAL
NIVEL REGIONAL
NIVEL DE COMUNIDAD
RELACIÓN DE DOMINIO
DOMINIO INCIERTO

CR = C.R.O.M.
E = ESTADO
H = HACIENDAS
HE = HERNÁNDEZ
P = PRESIDENTE MUNICIPAL

C = CACIQUE
U = UNIÓN DE CAMPE-
SINOS TEPOZTECOS
T = TEPOZTECOS

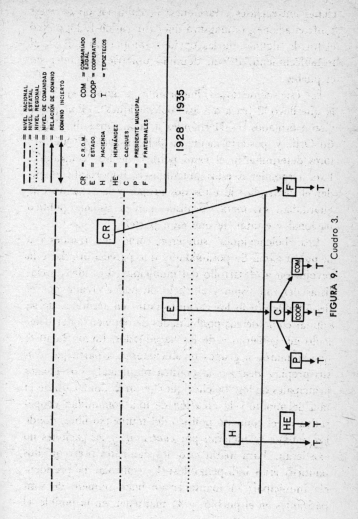

FIGURA 9. Cuadro 3.

1928 - 1935

NIVEL NACIONAL
NIVEL ESTATAL
NIVEL REGIONAL
NIVEL DE COMUNIDAD
RELACIÓN DE DOMINIO
DOMINIO INCIERTO

CR = C.R.O.M.
E = ESTADO
H = HACIENDA
HE = HERNÁNDEZ
C = CACIQUES
P = PRESIDENTE MUNICIPAL
F = FRATERNALES

COM = COMISARIADO EJIDAL
COOP = COOPERATIVA
T = TEPOZTECOS

169

ciones entre clases y facciones; la culminación de estas confrontaciones, la matanza del carnaval de 1928, marcó el fin de algunas de las opciones propuestas y llevó al restablecimiento de un dominio unitario de poder en el pueblo.

En este contexto es importante preguntar qué fue lo que llevó al fracaso a los "bolcheviques". ¿Por qué se vieron orillados los Hernández a la matanza de Valentín Ortiz y, posteriormente, la del carnaval? ¿Qué factores determinaron el éxito político de los "centrales"? Para responder a estas preguntas es importante entender el desarrollo de estos dos grupos y la relación que guardaban sus metas localistas con el sistema político nacional y estatal de que eran parte.

Los "bolcheviques" surgieron como una respuesta a la nueva gama de posibilidades que parecía brindarle la revolución al desarrollo del municipio. Las ideas socialistas del zapatismo y el vacío de poder creado por el debilitamiento de los caciques tanto en términos de su capital como de sus posibilidades de obtener poder delegado del gobierno y de los hacendados, fueron factores que animaron a grupos revolucionarios a participar con sus propias ideas en la política municipal. Los ideales principales de los "bolcheviques" eran la limitación de la tala del monte y la creación de una comunidad cooperativa en el contexto político del municipio libre, donde los trabajos se hicieran por *cuatequitl* y los caciques no existieran. Para lograr esto, los siguientes prerrequisitos políticos eran indispensables: 1) controlar la presidencia municipal; 2) mantener un buen número de simpatizantes en el pueblo; y 3) mantener, en lo posible, el apoyo del gobierno morelense. El control sobre la presidencia les permitiría detener la tala del monte, organizar el *cuatequitl* para el pueblo, y defender los límites territoriales del municipio. Pero para mantener el control sobre al presidencia necesitaban del apoyo del pueblo y, por lo menos, la no interferencia del gobernador.

En un principio, año de 1922, los "bolcheviques" tomaron las medidas necesarias para competir exitosamente por estos tres imperativos políticos. Tranquilino Hernández y Carlos Ortiz (los dos disidentes radicales de la colonia tepozteca) encontraron el apoyo político del gobernador y organizaron, como ya se dijo, la Unión de Campesinos Tepoztecos, que identificaba explícitamente las metas "bolcheviques" con los intereses de la clase social campesina. La unión encontró rápidamente un apoyo entre muchos tepoztecos que estaban conscientes de la importancia que tenía para su forma de vida el conservar los recursos comunales intactos y sostener los intereses comunitarios campesinos por encima de los particulares de los caciques o hacendados.

Los "bolcheviques" no carecían en esos años de líderes carismáticos: personajes como los multicitados hermanos Hernández, Dimas Martínez, Rafael Gutiérrez, Tranquilino Hernández y Carlos Ortiz, proveían al grupo de un liderazgo efectivo. Sin embargo, no fue sino hasta 1924 que los "bolcheviques" lograron conseguir una base de poder suficientemente sólida como para ocupar la presidencia sin oposición significativa. La lealtad y el apoyo militar que le brindaron los Hernández al general Obregón en un momento de guerra civil, durante la rebelión de De la Huerta, les ganó a los "bolcheviques" el control inmediato sobre dos recursos de suma importancia: la presidencia municipal y el uso legítimo de los cincuenta treinta-treinta con que había provisto a los Hernández el general Genovevo de la O. La presidencia fue manejada por los ideólogos de la Unión Campesina: Rafael Gutiérrez, Dimas Martínez, Juan Z. Rodríguez, Carlos Ortiz y Tranquilino Hernández; las armas eran controladas por los hermanos Hernández.

De 1924 a 1927 los "bolcheviques" dominaron la política local; nadie se atrevía a contrariarlos, el grupo de los "centrales", bajo el naciente liderazgo de Juan Hidalgo, recién se estaba consolidando y aún no estaba listo para un enfrentamiento. Los "centrales" no tenían ni el apoyo del gobierno ni la experiencia militar que le habían ganado 10 años de revolución a los Hernández. Sin embargo, los "bolcheviques" no pudieron mantener su hegemonía después de 1927: el punto principal de conflicto entre "bolcheviques" y "centrales" era el uso de los bosques para la fabricación masiva de carbón (la producción de carbón y leña en pequeña escala había sido tradicionalmente un recurso de la economía de subsistencia de los tepoztecos), y la verdad es que en el corto plazo a muchos tepoztecos les convenía convertir sus bosques en carbón.

La gente de Tepoztlán siempre había sido pobre, y la revolución no sirvió precisamente para enriquecerlos; quemar árboles para la fabricación de carbón era para muchos tepoztecos una oportunidad de hacerse de un poco de dinero. Con los años fue disminuyendo el tamaño del grupo que tenía suficiente conciencia como para oponerse a la tala del monte. Otro asunto clave para comprender el fracaso de los "bolcheviques" es que no podían cambiar la estructura legal en la que se movían; mientras los "centrales" contaran con el derecho a la propiedad privada y a agruparse políticamente, los "bolcheviques" tendrían siempre una oposición interna significativa. Los Hernández no tenían ninguna forma legal de luchar en contra de las denuncias que levantaron los centrales en su contra, de tal forma que recurrieron a la violencia como su única alternativa. El asesinato de Valentín Ortiz fue bien aprovechado por los "centrales" que presionaron al gobierno y lograron remplazar a la milicia de los Hernández con una defensa rural dirigida por Juan Hidalgo. Al ver destruida la base legal de su poder, los Hernández no vieron otra alternativa que huir y, finalmente, declararse en rebelión contra el gobierno.

Mientras los "bolcheviques" iban sufriendo las contradicciones que implicaba el intentar establecer una comunidad campesina relativamente autosuficiente e igualitaria en una economía política que permitía la propiedad privada, bajo un estado centralizado, los "centrales" iban consolidándose como grupo. Al principio de la década, los "centrales" formaban una facción mucho menos compacta y efectiva que la de los caciques de antes de la revolución: la composición social variada del grupo, su relativa debilidad inicial en cuanto a la cantidad de los recursos que controlaban, la falta inicial de liderazgo y de apoyo del gobierno, y los nuevos procedimientos para elegir presidentes municipales eran todos factores que les impedían lograr una gran movilidad política.

La necesidad de organizarse frente a la creciente fuerza de los "bolcheviques" hizo que los "centrales" pasaran de ser un grupo sin líder —con un mínimo de centralización interna— a uno con un líder que contaba con roles independientes y con control sobre recursos escasos pero importantes. Al mismo tiempo, cuando los "centrales" no formaban mucho más que una unidad de consenso, y no tenían ni líder ni bases firmes de poder, tuvieron que abrirse a elementos campesinos y buscar partidarios entre ellos, aunque se les tuviera que conceder un estatus de iguales frente al resto de los participantes. La falta de recursos por parte de los entonces excaciques les impedía formar un grupo de seguidores con base exclusivamente en relaciones patrón-cliente y necesitaron de apoyo voluntario (por lo menos en el plazo inmediato) de los tepoztecos comunes. A medida que se fue centralizando el grupo, se necesitaron cada vez menos participantes voluntarios; los nuevos recursos que controlaban los "centrales" a partir de 1929 (el crédito, la policía y la cooperativa del carbón) permitirían que se crearan grandes redes de relaciones patrón-cliente y que sólo una pequeña élite monopolizara el poder en la localidad.

1929-1936

La época del caciquismo posrevolucionario fue de corta duración, y dependió de la conjunción de varios fac-

174

tores: en primer lugar, de la fuerza recientemente adquirida de la facción de los "centrales" y del desprestigio en que habían caído los "bolcheviques"; en segundo lugar, de la dependencia económica del pueblo respecto de la cooperativa del carbón y de la falta de opciones económicas fuera del pueblo.

En junio de 1930 Juan Hidalgo fue elegido el primer presidente de la cooperativa del carbón. La membresía de la misma creció vertiginosamente; llegó a tener 500 miembros, de los cuales la mayoría eran de Tepoztlán (y no de las congregaciones). Si tomamos en cuenta que la población del municipio en 1930 era de 4 654 habitantes, y que los carboneros provenían únicamente de los pueblos de Tepoztlán, San Juan, Santo Domingo y Amatlán, resulta evidente que casi todos los tepoztecos económicamente activos dependían de la cooperativa. Ésta tenía el monopolio de la comercialización del carbón. Los miembros salían al monte a fabricar carbón con las técnicas tradicionales y, después, entregaban su cuota a la cooperativa, que les pagaba el carbón y luego lo vendía a México. Antiguos miembros de la cooperativa dicen haber ganado entre 20 y 30 veces más trabajando en la cooperativa que como jornaleros. Al mismo tiempo, si el presidente de la cooperativa buscaba castigar a algún enemigo político, bastaba con reducirle la cuota de carbón que podía explotar. Como Juan Hidalgo tenía controlada la presidencia municipal y el comisariado ejidal y de bienes comunales, este tipo de decisión política era fácilmente practicable.

A través del control sobre carbón, Juan Hidalgo logró restablecer un dominio unitario sobre el poder político en Tepoztlán. Durante los años en que funcionaba la cooperativa del carbón todas las instituciones políticas del pueblo estaban en acuerdo: en 1929 entró la reforma agraria al pueblo, y se restituyeron las tierras que habían sido expropiadas por las haciendas; al mismo tiempo el presidente municipal perdió la jurisdicción sobre los bienes comunales y se creó el comisariado de bienes ejidales y comunales. Sin embargo, mientras Juan Hidalgo fue presidente de la cooperativa, la división de poderes entre el ayuntamiento y las autoridades agrarias no se tradujo en muchas más opciones políticas para los tepoztecos ni en grandes conflictos entre ayuntamiento y comisariado. Esto se debió sobre todo a que Hidalgo controlaba ambas instituciones en el sistema de poder que fue presentado en la figura 9, cuadro 3, y que se basaba en el poder de que disponía a través de la cooperativa, y en el hecho de ser aceptado como el líder de los "centrales" tanto por el pueblo como por el gobierno.

Esto no significó que la posición adversa a la explotación de los recursos comunales y a favor del cooperativismo y del socialismo desapareciera. En 1929, sólo un año después de la disolución de la Unión de Campesinos Tepoztecos, los seguidores pacíficos de los Hernández forman la Unión Fraternal de Campesinos Tepoztecos y continúan su lucha por el control de la presidencia municipal, por la defensa de los bienes comunales y por el resurgimiento del *cuatequitl*. En 1934 los "fraternales" dieron comienzo a un intento de construir una carretera a Cuernavaca, con base en el *cuatequitl*, y en general, se consolidaron como una facción política activa y visible en el pueblo. Sin embargo, los "fraternales" fueron marginados de las fuentes institucionales de poder durante todo este periodo.

El poder político de Hidalgo —y del sistema de cacicazgo en general tuvo un fin tan abrupto como el del poder "bolchevique": en 1935 un grupo de hombres del pueblo de San Juan que se sentían agraviados por el favoritismo de la cooperativa hacia el pueblo de Tepoztlán asesinó a Juan Hidalgo, en ese entonces presidente municipal y presidente de la cooperativa. La muerte de Juan Hidalgo disolvió a la cooperativa y provocó un descenso drástico en la producción de carbón (véase Lewis, 1951:162). Además, a los pocos meses de la muerte de Hidalgo el general Lázaro Cárdenas visitó Tepoztlán y convirtió al "monte grande" en parque nacional, eliminando permanentemente las posibilidades de reinstalar una cooperativa que funcionara a gran escala. Junto con la creación del parque nacional el presidente Cárdenas decidió apoyar económicamente la construcción de la carcetera a Cuernavaca que estaban emprendiendo los "fraternales", y se creó en el pueblo la cooperativa de transportes Ome Tochtli.

La combinación de estos sucesos, la muerte de Juan Hidalgo, el final de la cooperativa y la construcción de la carretera, parece haber terminado para siempre con la era de los caciques. A partir de 1935 no ha habido persona dentro del pueblo que sustente el control monopólico sobre ningún recurso clave para la comunidad. Al mismo tiempo, el periodo en que marchó la cooperativa significó una acumulación de riqueza para muchos tepoztecos, esta riqueza se volcó, en gene-

ral, en la educación de los niños y en algunas obras
públicas para mejorarla. Con fondos de la cooperativa
se construyeron cuatro nuevas escuelas en el municipio,
una en el barrio de Los Reyes, y otras tres en las congregaciones.[12] De tal forma que este periodo puede
ser visto por un lado como la última era de relativo
aislamiento político (y de dominio unitario al interior
del pueblo), y por otro lado se puede ver como una
época en que se sientan algunas bases para el desarrollo
económico moderno.

1936-1960

En esta época se cimentan las bases de la configuración
política actual en Tepoztlán: el estilo de la política, el
tipo de poder que manejan los que lo detentan, la diversificación de la economía, y la creciente subordinación de la sociedad tepozteca a las decisiones tomadas
en niveles superiores de las jerarquías económicas y
políticas.

Diversificación de la economía

Históricamente, el cambio que abrió paso a las transformaciones económicas que ocurrieron en estos años
fué la construcción de la carretera a Cuernavaca. La
carretera abrió no sólo nuevos mercados a los productos
de Tepoztlán, sino también nuevas alternativas de vida

[12] Además de las escuelas y reparaciones en las calles, se
usaron fondos de la cooperativa para reconstruir el palacio
municipal.

178

para los tepoztecos. Recordaremos del capítulo anterior que la carretera permitió que algunos tepoztecos empezaran a trabajar como obreros en Cuernavaca, que el acceso a escuelas superiores aumentó la cantidad de profesionistas tepoztecos, que la dependencia respecto al mercado de la ciudad de México se incrementó drásticamente, y que hubo nuevos negocios de transporte que cobraron importancia en el pueblo (principalmente la línea Ome Tochtli, la línea Anáhuac, y el monopolio de transporte de productos agrícolas *Excélsior*). Por otra parte, el crecimiento del mercado internacional para productos mexicanos, el auge económico que trajo a México la segunda Guerra Mundial, y la expansión del mercado capitalino ayudaron a que llegaran rápidamente innovaciones importantes en los sistema de producción y en los tipos de productos locales. Se comenzaron a usar tractores, fertilizantes y herbicidas, a sembrar jitomates y gladiolas, etcétera.

Estas innovaciones tuvieron el efecto de reforzar la dependencia económica de Tepoztlán respecto a otros centros. Los "bolcheviques" habían ambicionado que Tepoztlán fuera una comunidad económicamente independiente y homogénea; ambos anhelos resultaron ser incumplibles. La interrelación elaborada que guarda Tepoztlán con las economías regionales centradas en Cuernavaca, México y Yautepec ha significado una creciente diversificación en las ocupaciones de los tepoztecos. En el plano del poder, la dependencia sobre varios mercados y centros y el hecho de que distintas personas dependan de distintos mercados ha significado que la política local no puede ser resuelta en el nivel

179

local. Un corolario de esto es que ningún tepozteco ni siquiera ningún *grupo* de tepoztecos, puede tener bajo su control *directo* poder sobre la mayoría del pueblo —es decir, que ya no existe la base económica para un cacicazgo.

Dispersión del poder político de las instituciones locales

No hay individuos o grupos de tepoztecos que tengan el poder *económico* suficiente como para darle peso a la política local. Sin embargo, este hecho en sí no significaría, necesariamente, que no pueda haber una política local relativamente autónoma e importante, si las instituciones políticas del municipio pudieran extraer recursos directamente y utilizarlos. Existe la posibilidad teórica de tener una economía bien diferenciada y un gobierno poderoso y centralizado, sin embargo, en Tepoztlán —como en tantas comunidades de México— esta posibilidad no puede materializarse.

Ante todo, durante este periodo (como en casi todos) la presidencia municipal contaba con muy escasos recursos (véase figura 10), de tal forma que todo presidente o regidor que llegara a su cargo con la ilusión de realizar obras de mejoramiento para el pueblo (porque casi todos los presidentes entrantes suponen que su predecesor no hizo nada por ladrón) no tardaba ni un mes en desilusionarse. Y si la falta de fondos no bastase para neutralizar el poder del ayuntamiento, el sistema político provoca —como regla— serios enfrentamientos entre los mismos miembros del ayuntamiento. Según mis informantes, a partir de la década de los cuarentas el PRM (y después el PRI) comenzó a imponer sistemáticamente a sus candidatos. Muchos de los candidatos del partido no eran los más populares, y en todo caso siempre tenían oposición de alguna planilla alterna. Ahora bien, la práctica más corriente en las elecciones municipales era (y aún es) que el PRM impusiera el candidato a la presidencia, pero que escogiera a los otros regidores de planillas electorales opuestas. Esto ha creado eternos conflictos al interior del ayuntamiento, al tiempo que seguramente ha sido un mecanismo para que ningún regidor haya tenido mucho poder. Por último, si tomamos en cuenta que el periodo de ocupación de los cargos municipales era en ese entonces únicamente de dos años y sin reelección, resulta que los presidentes municipales no alcanzaban ni a acostumbrarse a caminar al palacio cuando ya les tocaba salir. Si el presidente carecía de experiencia política previa (como era frecuentemente el caso) su corta estancia en el ayuntamiento resultaba ser poco más que una de aprendizaje.

Otro aspecto fundamental de la debilidad de las instituciones políticas municipales era la división y hostilidad entre el ayuntamiento y el comisariado de bienes ejidales y comunales. La muerte de Juan Hidalgo trajo consigo la división y el conflicto entre presidentes municipales y autoridades agrarias. La desaparición de la cooperativa del carbón y del caciquismo dejaron al ayuntamiento y al comisariado ejidal totalmente desconectados el uno del otro. Esto dio lugar a un conflicto que caracteriza al resto de la historia política moderna del municipio: cómo conciliar el hecho de que el poder político, administrativo y judicial del ayuntamiento no esté ligado ni tenga acceso a los principales recursos económicos del pueblo (a saber, la tierra comunal, los bosques y la grava). La nueva separación de poderes le da a las autoridades agrarias el control sobre todos los recursos comunales y ejidales, y este control se traduce casi inmediatamente en posibles entradas económicas para la tesorería (o el bolsillo) del comisario. Al mismo tiempo, el ayuntamiento —claramente la institución política más importante y representativa del pueblo— deja de tener acceso a esos recursos, pero conserva en su poder algunos medios para limitar los movimientos del comisariado y de obtener concesiones de éste para obras municipales. El poder judicial del síndico-procurador en el ayuntamiento no deja exentas a las autoridades agrarias, y los procesos de repartición y de tala de bosque están sujetos a ser revisados por el ayuntamiento. Así, ni la presidencia tiene acceso total a los recursos económicos disponibles, ni el comisariado tiene el poder de utilizar los recursos a su propia discreción. El resultado es, nuevamente, que ninguna de las dos instituciones retiene mucho poder.

Los líderes como intermediarios

En la jerarquía políticoadministrativa de este periodo, el nivel "estado" es el que mantiene mucho del poder del municipio, la debilidad de las instituciones municipales ha sido diseñada para que esto sea así. Desde la perspectiva del gobierno del estado, las instituciones municipales tienen el deber de neutralizar toda acción política, dejando éstas a la iniciativa del estado. Así, por ejemplo, el gobernador impone un candidato impopular y le da apoyo económico, sin embargo, su falta de seguidores dentro del pueblo y la oposición dentro del ayuntamiento le impiden actuar con eficacia. Si se da el caso contrario, de que el pueblo elija a su candidato, en contra del deseo del gobernador (como sucedió en 1979), entonces el presidente tendrá apoyo popular pero carecerá de fondos. El gobierno del estado ha eliminado virtualmente toda posibilidad de autodeterminación en Tepoztlán, y por lo tanto los nuevos líderes políticos no son sino la gente que sirve como punto de articulación entre la comunidad y el estado: son intermediarios de poder, y su recurso es el acceso tanto a decisiones políticas como a los que dependen de esas decisiones.

La figura 10 es un esquema de la estructura de poder en el periodo 1936-1960. En este diagrama se ven claramente las tendencias a la diversificación económica y a la dispersión política, así como la tendencia de que niveles superiores al de Tepoztlán manejen más y más poder sobre la comunidad. Para entender bien la base de poder del intermediario, eso sí, es necesario describir con mayor detalle el tipo de servicios que éste puede prestar: el diagrama también indica que en el nivel administrativo del municipio ya no existe un solo dominio que sustente poder independiente, toda la región se ha abierto al dominio político y económico del estado y los mercados nacionales. Los campesinos están ligados al Departamento Agrario, los obreros a la CTM, los maestros al sindicato de maestros y a la Secretaría de Educación Pública; el único grupo que tiene el potencial de mantenerse al margen del control directo del estado es el de los pequeños propietarios y el de los comerciantes. Sin embargo, para resolver cualquier problema que trascienda lo que sucede dentro de su parcela o tienda, y aun a veces para resolver problemas relacionados con la producción misma, este grupo también necesita de conexiones y apoyo del gobierno. Así, por ejemplo, un accionista de una línea de camiones llamada Cooperativa Anáhuac (que después fue absorbida por la Ome Tochtli) me contaba que ellos, al igual que todas las demás líneas de camiones, tenían que pagar mensualidades de 500 pesos (en 1945) a la policía de tránsito para que los eximiera de pagar las múltiples multas que contraerían si los policías se pusieran estrictos. A los comerciantes de la plaza les interesaba estar en buenas relaciones con el presidente municipal ya que éste tenía el poder de hacer cumplir rigurosamente los reglamentos de sanidad (sobre todo si era carnicero), o bien podía —como de hecho sucedió hace dos años— forzar a algunos restauranteros a quitar sus mesas de la banqueta, etc. Un pequeño propietario puede necesitar buenas relaciones políticas si es que, como frecuentemente ocurre en Tepoztlán, hay alguna ambigüedad sobre la legalidad de su tenencia, o para pagar menos impuestos.

Todos los distintos grupos del pueblo, tanto campesinos como pequeños propietarios, profesionistas y comer-

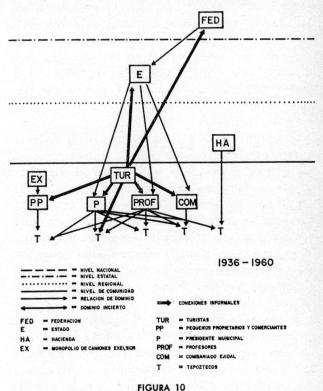

FIGURA 10

ciantes, necesitan de conexiones y buenas relaciones con el gobierno. La mayor parte de los ciudadanos consiguen sus pequeñas conexiones a través de algún empleado de la presidencia o en el comisariado, pero los

185

personajes de mayor peso político necesitan tener contactos más arriba para influir en decisiones políticas de mayor envergadura. Los factores que conducen a que los políticos locales deriven su fuerza de su mediación entre niveles son variados, y van desde los provechos personales que puede obtener un individuo que tiene un puesto local, hasta el que ciertos conflictos sólo se pueden solucionar a niveles supralocales, o que conseguir un recurso para el pueblo requiere de conexiones a niveles superiores.

Un buen punto de partida para el análisis de la importancia de la intermediación es la pregunta ¿por qué aspiran muchos tepoztecos a la presidencia municipal? O, más generalmente, ¿por qué aspiran tepoztecos a cargos políticos en el municipio? En general creo que se puede hablar de dos tipos de motivaciones para aspirar a la presidencia, la primera es "hacer algo por mi pueblo", y la segunda podría clasificarse como "hacer algo por mí mismo (o por mi familia)". Como es natural, es frecuente que haya habido una combinación de ambas motivaciones.

En cuanto a la aspiración de "ganar algo" con la prescidencia hay lo siguiente: la tesorería municipal de la época carecía de fondos hasta para pagarle los salarios a los empleados del ayuntamiento; es frecuente al leer las actas de cabildo de esos años encontrar acuerdos en que los regidores renunciaban a su sueldo de varios meses para poder pagar un jardinero o para contribuir a la celebración de las fiestas patrias. Por otra parte, los políticos siempre tuvieron acceso a algunos beneficios económicos. Por ejemplo, el regidor de hacienda estaba encargado de cobrar por el uso del piso del mercado y del rastro municipal, y era muy frecuente que se llevara a la casa cubetas de sangre o algunos pedazos de carne. Los presidentes municipales muy probablemente habrán recibido pequeñas "mordidas" de gente que quería recibir alguna parcela comunal (aunque esta fuente de ingresos se convirtió rápidamente en patrimonio de los comisarios ejidales) o de gente que quería emplear arena o grava de las minas o para no pagar cuotas en el registro público (aunque éste era un patrimonio que podía ser compartido con el secretario). Sin embargo, además de los beneficios materiales —que, salvo algunas excepciones, no eran muy importantes— los funcionarios recibían beneficios políticos: el contacto con el gobernador y otros personajes de importancia como diputados, senadores y secretarios del estado de Morelos podía ser útil para el éxito de sus inversiones, y el poder usar los contactos para ayudar en un momento dado a algún amigo o compadre fortalecería sus relaciones personales al interior del pueblo.

Si es que el presidente aspira a hacer algo por su pueblo, necesita aún más de conexiones en otros niveles de la jerarquía. Sin el apoyo del gobierno del estado un ayuntamiento tiene muchas dificultades en obtener fondos para empezar obras de mejoramiento, y está destinado a emplear su tiempo en litigios con los comisariados ejidales sobre acceso a los recursos. A veces los contactos importantes para conseguir fondos están en el gobierno federal o en empresas descentralizadas, y muchas veces los turistas que empezaron a venir al pueblo hacia finales de la década de los cuarenta han servido de punto de contacto con dichas agencias. Así, por ejemplo, los fondos para la primaria más importante del pueblo (la Escuadrón 201) se consiguieron por contacto con el presidente de la República, después de la segunda Guerra Mundial, los fondos para la secundaria se consiguieron a travês de los contactos que tenían algunos turistas con la Secretaría de Educación Pública; la luz eléctrica por contactos de un tepozteco con un alto funcionario de la Comisión Federal de Electricidad, etc. Si es que las autoridades municipales no son intermediarios aceptables para políticos del gobierno estatal y federal, los fondos disponibles para obras desaparecen, y con ellos se va el sueño de hacer algo por el pueblo.

En 1957 el gobierno estatal da una clara señal de cómo no le son gratas las *acciones independientes* de Tepoztlán para la resolución de sus propias necesidades. En 1956 algunos tepoztecos intentaron tramitar la electrificación del pueblo, a través del gobernador del estado, con la Compañía Eléctrica Amacuzac (que operaba en Morelos y tenía estrechas conexiones económicas con el gobernador). Sin embargo, el gobernador no parecía tener la intención de electrificar al pueblo en un plazo corto. Entonces, varios tepoztecos decidieron formar un comité proelectrificación de Tepoztlán que comenzó por tratar de reunir un millón 500 mil pesos que le iba a costar a Tepoztlán el contrato con la Cía. Amacuzac. Al poco tiempo se le presentó al presidente y al secretario del comité un contacto: Alfonso Cuéllar, miembro del Escuadrón 201 y originario de Tepoztlán, tenía un amigo del escuadrón que era en ese momento jefe de presupuestos en la Comisión Federal de Electricidad. Como todos los veteranos del escuadrón 201 se juntaban (y se juntan) cada ocho días, Alfonso Cuéllar conectó a los tepoztecos del comité de electrificación directamente con el alto mando de la comisión de electricidad. El jefe de presupuestos de la Comisión Federal de Electricidad aprobó casi inmediatamente la electrificación de Tepoztlán y mandó una orden a la Cía. Amacuzac para que realizara la obra, cobrando al pueblo únicamente 1 millón (versus el 1 millón 500 mil del presupuesto original de la Cía. Amacuzac). Cuando todas estas gestiones llegaron a oídos del gobernador, éste se molestó con los tepoztecos responsables, tanto por pasarlo por alto en el trámite, como por haberlo puesto en vergüenza al conseguir un precio más barato. El presidente del comité proelectrificación fue amenazado a muerte por dos *guaruras*, y el secretario del comité tuvo que huir del pueblo durante dos meses por miedo a una represalia sangrienta por parte del gobernador. Por fortuna, no hubo tal represalia gracias al hecho de que cuando el gobernador se dio cuenta, la cuestión ya estaba resuelta; su única protesta fue no permitir que la Cía. Amacuzac realizara la electrificación obligando a que la Comisión Federal la hiciera directamente. El 16 de febrero de 1957 se inauguró la luz en el pueblo: el gobernador no asistió —pese a que fue invitado— a la ceremonia. . .

En este caso ilustrativo vemos cómo el gobierno del estado intenta impedir que un grupo de tepoztecos espontáneamente consiga logros sin debérselos en un ciento por ciento al propio gobernador del estado. Vemos también en el gobernador y en la compañía Amacuzac dos distintos motivos de enojo: el primero fue que los tepoztecos no necesitaran del gobernador para la electrificación e incluso obtuvieran una orden de la federación a la Cía. Amacuzac, y el segundo que el precio que lograron a través de sus propios contactos fue en un 33 por ciento inferior al que exigía la compañía local. Parece ser típico que los intereses de control político sobre los tepoztecos (y con toda seguridad de todos los habitantes de pueblos en Morelos) van complementados con intereses económicos bien consolidados dentro del estado por parte de sus gobernantes.

La nueva configuración de líderes

En los años cuarenta y principios de los cincuenta se conformó el escenario político moderno de Tepoztlán. El tipo de actor político, los grupos de poder, y los papeles característicos de las instituciones del municipio son distintos a partir de este periodo. Es cierto que muchos de los actores políticos poderosos en el pueblo son típicos de Tepoztlán aún antes de esta época: el dueño del molino de nixtamal, los comerciantes más importantes, etc. Además el grupo de oposición compuesto por los "fraternales" se mantiene prácticamente intacto durante todo este periodo. Sin embargo, también hay cambios muy importantes en esta época, como el poder creciente de los profesionistas y de los maestros de escuela. El papel de estos últimos ha destacado mucho en Tepoztlán así como en muchos otros pueblos de la región;[13] es bien sabido, por ejemplo, que los maestros son utilizados para reprimir actuaciones políticas indeseadas tanto como para organizar manifestaciones, etc. Así, un maestro amenazó a uno de mis informantes de que reprobaría a su hija porque el informante era militante de un partido de oposición. Es bien sabido que si los padres de familia de un escolar no votan en el día de las elecciones, la entrada de sus hijos a la escuela será problemática. A partir de mediados de la década de 1940 los presidentes municipales campesinos fueron substituidos por comerciantes y, sobre todo, por profesionistas. Los maestros, con su facilidad de palabra y acceso a la juventud y a las familias, han tenido mucho que ver en este proceso de profesionalización de la política.

Así, en esta época surgen las nuevas dinastías de políticos locales que hasta la fecha dominan el escenario local. Destacan entre otros los miembros de la familia Medina que ya entonces colocan a tres de ellos en importantes puestos políticos, incluyendo la presidencia municipal y altos cargos en el gobierno del estado. Los Medina tenían importantes intereses en la línea de camiones Ome Tochtli, en la política estatal, el sindicato de maestros y, según algunos, en propiedades urbanas y rurales dentro del municipio. Durante este periodo la familia Medina se coloca en puntos es-

---

[13] Un caso sobresaliente y detalladamente analizado es el de los maestros de Tlayacapan descrito por Dávila (1976). En Tlayacapan los maestros mostraron ser un factor político de primera importancia en los conflictos que hubieron en el pueblo hace seis o siete años.

tratégicos de articulación entre el gobierno del estado y la comunidad, logrando para el futuro un poder sorprendentemente estable y beneficioso para sus intereses.

El poder de la familia Medina queda ampliamente consolidado en los cincuenta, cuando Guillermo y Federico ocupan varios puestos altos en el gobierno del estado de Morelos. Ambos gozan de alguna cercanía e influencia sobre varios gobernadores, y se convirtieron en el punto de contacto ideal entre cualquier problema en Tepoztlán y su resolución gubernamental. Así, Guillermo Medina ha sido asesor legal y político de una gran cantidad de tepoztecos, incluyendo los comerciantes principales, casi todos los presidentes municipales, y en algunas épocas hasta la oposición campesinista. La colocación estratégica de Federico y Guillermo Medina les da la posibilidad de ser los hombres con más influencia sobre la decisión de quién va a ocupar la presidencia municipal; tanto el gobernador como la élite local los consulta antes de tomar su decisión. Los efectos de este proceder serán aclarados en el análisis de varios conflictos específicos, que expongo en el capítulo 5.

El poder de los Medina se derivó, originalmente, de su cercanía a la esfera de decisiones políticas en el gobierno del estado; sin embargo, desde los cincuenta la familia empieza a colocar estratégicamente sus intereses en el pueblo, construyéndose una pequeña base de poder independiente. En 1953 Federico Medina coloca a un pariente político en el puesto de secretario del ayuntamiento. El secretario, una persona capaz y trabajadora, es ratificado en su puesto durante veinte años. Esta posición es indiscutiblemente la que maneja más información en el ayuntamiento; en Tepoztlán todo el mundo sabe que la etimología de la palabra "secretario" es "aquel que guarda secretos". Mantener un secretario altamente capaz, concienzudo, dominante y con cierta lealtad hacia los Medina fue una forma importante de control político sobre todo presidente municipal de la época. El segundo renglón en que la familia volcó sus intereses fue en capitales locales: algunas empresas de la comunidad y, según varios informantes en terrenos agrícolas y urbanos. Sin embargo, el grueso de los intereses económicos de los Medina en Tepoztlán no había aparecido aún en este periodo.

Por el lado de la oposición no encontramos tantos cambios como en los nuevos grupos dominantes, salvo que para finales de los cuarenta los herederos ideológicos de los "camisas rojas" de la CROM encuentran cada vez menos posibilidades de ocupar la presidencia municipal y se tienen que replegar a controlar puestos de regidores o de comisariados o exclusivamente de oposición sistemática. Durante este periodo se mantienen a la cabeza de la oposición algunas figuras que sobresalían desde los años veinte, como Dimas Martínez, Rafael Gutiérrez y Juan Rodríguez. El grupo se mantuvo identificado con lo que nosotros llamamos "pueblo": la mayor parte de sus miembros habitaban en casas de adobe, muchos eran campesinos, una buena parte vivían en barrios "de arriba". Esta identificación con el sector campesino tradicional significó que la oposición mantuvo la capacidad de movilizar mucha gente en asambleas o movimientos de protesta.

En resumen, el proceso de centralización política y económica acabó con la posibilidad de gobernar únicamente con la fuerza interna del pueblo, y se requirió de puntos de articulación entre Tepoztlán y el gobierno del estado. Estos puntos de articulación fueron provistos principalmente por dos miembros de una familia tepozteca que alcanzó y logró mantenerse en puestos políticos de alto nivel en el estado por muchos años, así como por el creciente contingente turístico. Al mismo tiempo, los intermediarios fueron desarrollando y cuidando sus propios intereses en el pueblo convirtiéndose poco a poco no sólo en un punto de contacto entre los tepoztecos en el gobierno, sino también en parte interesada en todos los asuntos internos del poblado. Por otra parte, el grupo de oposición se mantiene esencialmente igual a lo que era desde años atrás, aunque pasa a ocupar una posición aún más marginal en las decisiones políticas.

1960-1978

Las décadas de los cuarenta y cincuenta fueron de rápido desarrollo económico; cambios tecnológicos y en fuentes de trabajo (incluyendo el bracerismo de finales de los cincuenta) ayudaron a mejorar el nivel de vida de muchos tepoztecos. Al mismo tiempo, esta prosperidad en Tepoztlán, y en la región en general, significó una pérdida relativa de autonomía: por ejemplo, el Partido de la Revolución Mexicana comenzó a imponer a sus candidatos a la presidencia municipal, la adquisición de nuevos servicios como luz eléctrica, caminos o escuelas requerían de apoyo estatal o federal, etc. En los sesenta y los setenta la vía de desarrollo inaugurada en esas décadas plantea contradicciones constantes para los tepoztecos. En general estas contradicciones se presentan bajo la forma de disyuntivas como: ¿Debe Tepoztlán urbanizarse e intentar vivir del sector secundario o terciario, o debe de cerrarse la comunidad a la invasión urbana y reforzar sus tradiciones campesinas? ¿Deben de explotarse los recursos turísticos de la comunidad, aunque esa explotación signifique alzas en los precios del terreno, de los impuestos prediales o el escaseamiento de ciertos recursos? En las páginas subsiguientes presento una historia de las disputas que se han dado en los últimos años. A través de estos conflictos resalta el carácter de las disyuntivas que se le han presentado al pueblo, los estilos de política que se han esgrimido en estos enfrentamientos, y el carácter de los grupos de poder que están en oposición.

Los problemas limítrofes municipales

Los problemas limítrofes entre municipios seguramente empezaron en la época colonial, cuando los indios que sufrían de escasez de tierras no podían más que invadir las tierras de indios vecinos —ya que no podían invadir las de los españoles—. En Tepoztlán ha habido confrontaciones —tanto en la corte como en el campo— con todos los municipios con que comparte fronteras. A partir de los años veinte encontramos quejas frente a invasiones de los municipios de Milpa Alta y de Huitzilac. Desde entonces también ha habido fricciones con Yautepec, Tlayacapan y Tlalnepantla. Sin embargo, en la época moderna el problema limítrofe más serio ha sido con el municipio de Jiutepec. Característica especial de estos pleitos limítrofes en Tepoztlán es que la historia precisa de los conflictos es en sí misma causa de mucho debate. Los documentos necesarios para aclarar definitivamente estos debates se encuentran (cuando existen) en manos de litigantes particulares, y no son del dominio público. El relato que sigue incorpora varias versiones de las raíces del conflicto limítrofe. Desde la década de los veinte hay disputa de límites entre Tepoztlán y Jiutepec (véase el archivo de la Secretaría de Reforma Agraria, rama de ejidos). En 1931 se rectificaron los límites de todos los municipios para hacer más regulares las fronteras. El resultado fue que Tepoztlán perdió terreno en favor de varios municipios, incluyendo Jiutepec. Tepoztlán se amparó en la Suprema Corte de Justicia, protestando la reducción de su superficie pero finalmente el amparo les fue negado.

Según la mayor parte de los tepoztecos, en 1941 o 1942, Rodrigo Medina (entonces presidente municipal) vendió tierra comunal al pueblo de Tejalpa, municipio de Jiutepec. Se supone que el presidente municipal, en mancuerna con el gobernador, vendió ese terreno para su lucro personal. Otra versión, más cercana a Medina, es que el presidente municipal le dio permiso a comuneros de Tejalpa de usar esas tierras porque no estaban siendo cultivadas, y que con los años los usuarios hicieron un reclamo legal sobre las tierras y consiguieron ampararse en contra de Tepoztlán.

En todo caso, el supuesto traspaso de tierra de Tepoztlán a Jiutepec no fue percibido por los tepoztecos sino hasta finales de los cincuenta, cuando un poderoso grupo de hijos de un exgobernador proyectaba utilizar parte del tezcal "que había sido vendido" para construir una trituradora de piedra que serviría para hacer grava de carreteras. Como este tezcal era utilizado por gente de Santa Catarina para vender piedra a otra trituradora vecina y para agricultura de *tlacolol*, los de Santa Catarina protestaron que el tezcal que estaba siendo reconocido como de Tejalpa en realidad era suyo. Aparentemente el gobernador mandó silenciar a los de Santa Catarina, pero éstos, capitaneados por una familia particularmente combativa, siguieron oponiéndose a la nueva trituradora, hasta que alguien asesinó a la familia entera.

La gente de Mariaca (Santa Catarina) le atribuyó el asesinato al gobierno, y se dice que tomaron venganza asaltando a ocho judiciales en camino al pueblo. A partir de ese día, el gobernador declaró la "muerte civil" al pueblo de Santa Catarina, y que eso explica la falta de fondos que ha tenido para cualquier obra de mejora; para Santa Catarina todo trámite burocrático se retardaría indefinidamente.

En 1960 se comenzó a planear y construir la ciudad industrial del valle de Cuernavaca, o CIVAC. El nuevo gobernador había nombrado como colaborador a Guillermo Medina, que además estaba ligado a la promoción industrial del estado. Las tierras sobre las que se iba a construir CIVAC eran justamente aquellas que estaban siendo litigadas por Tepoztlán y Jiutepec. Se dice

197

que —nuevamente tengo que recurrir a versiones de los hechos, ya que las pruebas no son del dominio público— Guillermo Medina apoyó a Tejalpa (municipio de Jiutepec) en el litigio contra Santa Catarina, pues el gobierno podía comprarles esa tierra a muy buen precio, y así favorecer los intereses de Medina como encargado de la promoción industrial del estado. El hecho es que en 1960 se desató un gran conflicto pues los tepoztecos de repente se dieron cuenta de la cantidad de tierra que habían perdido y que no se les pagaría.

Delfino Magallanes, el presidente municipal en esos años, era un hombre del pueblo, honrado —aunque muy lépero—, y más bien simpatizante del grupo que aquí hemos llamado de "oposición". Magallanes buscó al culpable de la aparente pérdida de tierra frente a Jiutepec, y "encontró" que había sido Trinidad Medina quien vendió la franja de tierra a dicho municipio. Siendo un hombre del pueblo, sin mayores sofisticaciones políticas, Delfino Magallanes permitió que un grupo de tepoztecos enardecidos fueran a buscar a don Trinidad a las oficinas donde trabajaba. Lo sacaron de su oficina y lo llevaron al centro de Tepoztlán, donde fue paseado por las calles con un cartel pegado en la espalda y otro adelante. Los carteles decían: "Trinidad Medina, traidor del pueblo". El paseo de Trinidad fue acompañado con música de la banda del pueblo, cohetones, y fue presenciada por muchos espectadores. Después de permitir esta manifestación de indignación popular, Magallanes metió a don Trinidad a la cárcel.

Sin embargo, y como era de esperarse, Guillermo Medina reaccionó rápidamente al agravio contra su pariente, así como al conflicto con Tejalpa: ante todo, mandó sacar a Trinidad Medina de la cárcel, luego hizo destituir a Delfino Magallanes de la presidencia municipal y lo metió preso con cargos de abuso de autoridad (que, en verdad, había habido al permitir el paseo de Trinidad). Además, Medina aprovechó el vacío dejado por Magallanes para meter a gente leal dentro del ayuntamiento, y ahí comenzó una larga dinastía de presidentes medinistas. Esto significó que, en adelante, los de Santa Catarina no contarían con apoyo activo de la presidencia municipal.

El conflicto de CIVAC no se resolvió favorablemente para los de Tepoztlán, nunca se les pagó las tierras que ellos sostenían que eran suyas; pero el conflicto tampoco se habría de terminar con este primer enfrentamiento. La amenaza del uso de violencia por parte de los de Santa Catarina ha sido un constante problema para la ciudad industrial, y hay zonas en donde, hasta la fecha, el gobierno no ha podido edificar sus proyectos por la resistencia de los de Santa Catarina.

La ocupación de tierra agrícola y de piedra explotable por la ciudad industrial le causó problemas a los de Santa Catarina porque en esa época los campesinos no tenían alternativas ocupacionales al trabajo en el campo, porque no se les pagaron esas tierras (en caso de que realmente hayan sido suyas), y porque, al parecer, los precios de compra a Tejalpa fueron bajos (esta es considerada la razón por la que el gobierno apoyó a Tejalpa en contra de Tepoztlán); según esta versión los de Tejalpa estaban dispuestos a vender barato porque la tierra no era suya.

Notemos, además, la forma como Guillermo Medina aprovecha el conflicto interno del pueblo, y la humillación a que sometieron a su pariente para tumbar a un presidente municipal que no pertenecía a su grupo y para imponer, en cambio, a sus seguidores, que ocuparían ininterrumpidamente la presidencia hasta 1973 e intentarían dejar tranquilo el problema con Tejalpa.

La entrada de CIVAC al municipio abrió nuevas fuentes de trabajo para mano de obra calificada, en general con una educación mínima de primaria o de secundaria. También marca la entrada de intereses territoriales importantes que atrajeron la atención del gobierno estatal al problema de tenencia de Tepoztlán. La embigüedad en la tenencia de la tierra, el hecho de que nadie sabe exactamente qué quiere decir "tierra comunal", que los documentos que testifican si un terreno es particular o comunal o a qué pueblo corresponde qué pedazo de tierra comunal, sean amiguos y no estén a la disposición del público en general crea un problema constante entre intereses de distintos individuos y grupos.

Los sesenta marcaron la entrada de intereses estatales y particulares de dentro y de fuera de la comunidad. Estos intereses acabarían por situar a Tepoztlán en la encrucijada en la que se encuentra actualmente: ¿Hay alguna manera de conservar el modo de vida campesino tradicional? ¿Debe Tepoztlán apresurarse a desarrollar una economía basada en el turismo y la industria o debe de intentar mantener su integridad como una comunidad campesina? Los distintos grupos ideológicos del pueblo vierten sus intereses económicos y políticos en una u otra de estas posiciones, y los conflictos que han caracterizado la era moderna en general han girado, directa o indirectamente, en torno a esta problemática.

Montecastillo

En 1963, siendo presidente Jesús López, entra al pueblo un consorcio llamado Montecastillo para construir un gran centro vacacional con club de golf adjunto. Montecastillo comenzó sus operaciones en el pueblo contratando los servicios de un intermediario local para que se encargara de comprar el terreno necesario para el club. La zona en que querían establecer al campo de golf, al oriente del pueblo de Tepoztlán, es de agricultura relativamente pobre y hay en ella intercaladas propiedades particulares con propiedades comunales. El intermediario, José Romero, comenzó a comprar propiedades en esta área sin hacer público el destino final de esas tierras; así logró comprar a precios extremadamente bajos (porque desde un punto de vista agrícola la tierra no era valiosa) y revender a Montecastillo a precios diez o veinte veces mayores. Además, José Romero era hijo del escribano del pueblo en la época de la revolución, y mantenía en su poder algunas letras de casas y propiedades que había dejado gente como aval para préstamos personales. Se dice que José Romero se apropió de algunos de estos papeles y, con ellos, de algunos terrenos más. Por último, parece ser que no todos los terrenos que le vendía a la Montecastillo eran privados: había fracciones considerables de tierra comunal que fueron vendidas fácilmente ya que no estaban en uso.

Poco a poco la gente se fue dando cuenta de que habían estado realizando una serie de ventas privadas y por separado y que en realidad todas las propiedades estaban parando en manos de la Montecastillo. También se dieron cuenta de que la compañía estaba comprando propiedad comunal, y de que el presidente municipal estaba autorizando estas ventas ilegales sin comunicarle nada al pueblo.

La conmoción que esto provocó fue tremenda: inmediatamente el grupo de oposición, encabezado por el comisariado ejidal Sebastián Gutiérrez, el maestro Gregorio Terrazas —que era el orador del grupo— y los líderes de la oposición comenzaron a protestar y a armar escándalo. Tomaron la presidencia municipal, algunos con el ánimo de linchar al presidente, que salvó su vida escapando de palacio por una puerta trasera. La Montecastillo intentó apaciguar al pueblo donando alrededor de 200 mil pesos al ayuntamiento para la construcción de una escuela, pero no lograron calmar la oposición. Poco después, unos matones conocidos asesinaron al maestro Gregorio Terrazas. La gente atribuyó el asesinato a la Montecastillo, a José Romero, o a ambos, y esto provocó tal furia en el pueblo que cuando la mesa directiva del consorcio, el obispo de Cuernavaca y altos representantes del estado de Morelos fueron a colocar la primera piedra de la construcción, se encontraron con varios miles de tepoztecos, algunos de ellos discretamente armados, que estaban dispuestos a quemarles las máquinas antes que permitirles comenzar las obras. A pesar de que había tropas federales presentes, nadie se atrevió a contrariar al gran número de tepoztecos, y las obras fueron abortadas. Sin embargo, el pueblo no logró derrocar al presidente municipal que claramente había estado involucrado en las transacciones. Se dice que cuando estaba el palacio repleto de gente furiosa que le pedía al presidente su renuncia, éste dijo: "Cómo quieren pedirme la renuncia si ustedes no me nombraron; me nombró el PRI".

En el furor del conflicto, Guillermo Medina fue propuesto para mediar en el conflicto, gracias a que conocía a todos los tepoztecos involucrados, que era un político prestigioso, y que no tenía intereses en el conflicto. La mediación de Guillermo se aceptó por ambos bandos (reflejando, en mi opinión, las conexiones de Medina dentro del grupo de la oposición), y uno de los resultados tangibles de ella fue que Medina adquirió intereses personales . en la compañía. Sin embargo, la construcción en 1965 de la supercarretera México-Cuernavaca partió en dos el terreno de la Montecastillo, acabando con el plan de construir un campo de golf. Por otra parte, el terreno de la compañía sigue siendo de su propiedad y hay muchas personas que esperan la oportunidad de fraccionarlo.

En este pequeño sociodrama se comprueba el dicho popular: "a río revuelto ganancia de pescadores". A través del análisis de todos los conflictos importantes en la historia reciente de Tepoztlán, es obvia la importancia de la manipulación de la información y de la confusión en que se mantiene al ciudadano común. Cada vez que surge un conflicto, los políticos se encargan de oscurecer suficientemente el panorama o, como dice el dicho, de revolver tanto el río, como para que ninguno de los pescadores pueda ver ni entender la situación sino hasta estar prácticamente "en la sartén". En el caso de la Montecastillo, los Medina demostraron gran habilidad política ya que adquirieron intereses donde no los habían tenido; por otra parte, la capacidad de reacción colectiva del pueblo, manejada por los líderes de la oposición, se volvió a confirmar. Sin embargo, a pesar de que el pueblo logró detener la construcción del centro turístico, el consorcio aún tiene sus hectáreas que esperan convertirse en un buen negocio. La Montecastillo y sus defensores conservan su interés en urbanizar al pueblo, fraccionar y vender esos terrenos a citadinos.

El problema del agua

En 1964, siendo presidente municipal Lucio Montes, estalló el conflicto del agua del manantial de Axitla. En 1901 el pueblo construyó un sistema de agua potable que abastecía la parte alta del pueblo. En 1945 el sistema de agua pasó, sin problemas políticos, a ser administrado por la recientemente creada Secretaría de Recursos Hidráulicos. Tradicionalmente, el sistema de agua de Axitla se basaba en tomas públicas: en cada barrio que tenía agua (sobre todo eran los de la parte alta) había una o varias tomas públicas, a las que acudía la gente de todo el pueblo con botes o cántaros que llenaban, y cargaban de vuelta a casa. Sin embargo, la Secretaría de Recursos Hidráulicos comenzó a ceder una cierta cantidad de tomas particulares de agua a los turistas que empezaron a construir casas y también a algunos tepoztecos. La gente del pueblo estaba en general bien consciente de que la cantidad de agua que salía del manantial era limitada y que a duras penas alcanzaba para abastecer las tomas públicas en las partes altas del pueblo. Sin embargo, Recursos Hidráulicos subestimó el problema de la escasez del líquido y optó por construir tomas de agua para particulares, aumentando así el consumo, sobre todo cuando ésta se usaba para regar jardines o para llenar albercas. Para el tepozteco, acostumbrado a la escasez de agua, este derrame de agua innecesario, a sus ojos, era un insulto.

Así comenzaron las fricciones entre algunos tepoztecos y la secretaría, hasta que un día no corrió el agua por las tuberías durante dos semanas. Esto generó un gran odio hacia Recursos Hidráulicos y hacia los turistas que construyen casas con jardín y alberca. El resultado fue el de costumbre: el palacio municipal se llenó de tepoztecos que le exigían al presidente municipal la restitución al pueblo del control sobre el manantial. El presidente municipal era un hombre bastante ingenuo y bien intencionado y no pudo más que ceder ante las presiones del pueblo y acompañar a un grupo de tepoztecos a romper la tubería de la secretaría como protesta. La presencia de varios soldados no detuvo esta manifestación de ira, y la cañería fue rota por el pueblo con el ayuntamiento presente.

Poco tiempo después un ingeniero de la secretaría intentó meter una demanda en contra del pueblo por causar daños a la nación, pero no pudo encontrar a un líder a quien echarle la culpa. Sin embargo, las fricciones entre el ingeniero y algunos activistas fueron tales que los activistas raptaron al ingeniero y tuvo que venir un licenciado a persuadirlos de que lo soltaran. Aparentemente el licenciado ofreció al pueblo ayuda legal a cambio de la libertad del ingeniero y, con la ayuda legal del licenciado, Tepoztlán recuperó la administración del agua del manantial en 1966. Para poder rendir el servicio de agua a domicilio, la Secretaría de Recursos Hidráulicos construyó un nuevo sistema de agua que funciona paralelamente al de Axitla y se abastece de unos pozos que se cavaron en el valle de Atongo.

El presidente municipal de la época no tuvo que renunciar a su puesto; a pesar de que fue arrestado en primera instancia por su aparente participación en la destrucción de la tubería, al final se reconoció que su posición frente a todo el problema fue de neutralidad. Sin embargo, varios meses después, Lucio Montes renunció "por motivos de salud".

El problema del agua se ha mantenido vivo casi en todos los periodos presidenciales (municipales) posteriores porque a varios presidentes les ha parecido lógico mezclar el agua del manantial con el sistema del nuevo pozo, la que es rechazada por algunos tepoztecos, pues la consideran contaminada por la cercanía del pozo al cementerio. Dicen que el agua de la secretaría es "agua de muertos". Según los líderes de la oposición, los presidentes municipales quieren mezclar los dos sistemas porque la secretaría les ofrece buenas cantidades de dinero para que lo hagan y que así la secretaría pueda cobrar por el uso del agua de Axitla. El encargado del "agua del pueblo" me dijo en una entrevista que los intentos de Recursos Hidráulicos de sobornar a distintos políticos (incluidos de la oposición) eran frecuentes y tentadores para muchos. A pesar de que sin duda ha habido varios intentos de mezclar los dos sistemas de agua, es posible que en realidad la secretaría no tenga tantos intereses económicos en ello y que a estas alturas el asunto sea más una batalla de principios entre dos posiciones opuestas en el pueblo: la pro-urbanización y "modernización" versus la que favorece los viejos sistemas de organización interna.

El turismo

En cierta forma, gran parte de la problemática moderna de Tepoztlán gira en torno a si se debe de fomentar o desalentar el desarrollo turístico. La carretera directa desde México, construida en 1965, aumentó la popularidad de Tepoztlán como un lugar pintoresco para fines de semana. Los precios de los terrenos han subido a niveles fuera de proporción para un pueblo campesino. Hacia el final de la década de los cincuenta y principios de los sesenta se vendieron prácticamente todos los terrenos del valle de Atongo a un par de inversionistas que han ido revendiendo terrenos a particulares tanto de la ciudad de México como del extranjero. Junto con la venta de terrenos han aumentado los trabajos en la construcción y en otros campos relacionados con el turismo.

La falta de servicios que normalmente demanda el

turista de clase media, como albercas, hoteles, bares y discotecas, hacen que el único atractivo de Tepoztlán sea la belleza de sus montañas y del pueblo: atractivos que cautivan la atención de artistas, intelectuales y ricos sofisticados de México y del extranjero. Este tipo de turismo proveyó a muchos políticos y ciudadanos tepoztecos de conexiones directas con altos niveles de influencia en la capital; a través de ellos se consiguieron muchos servicios como, por ejemplo, la escuela secundaria y, en los sesenta, el auditorio.

La posibilidad cada vez más tangible de hacer del turismo la fuente de subsistencia principal del pueblo creó toda la nueva línea de actividad que hemos venido analizando: especulación con tierra para fraccionar, el uso del agua para regar jardines y llenar albercas de casas de fin de semana, clases de yoga y naturismo, y el intento no del todo fructífero de impulsar artesanías locales, intentos de edificar hoteles, clubes de golf, etc. El turismo contribuye a los ingresos de un buen número de tepoztecos, sea a través de la venta de terreno supervaluado, sea a través de trabajos de albañilería, jardinería, o de "cuidanderos", o a través de la venta de refrescos, tacos o dulces en los fines de semana. Prácticamente todos los políticos intentan fomentar el turismo y sacarle el mayor provecho posible al pueblo.

Sin embargo, la actitud que tienen los tepoztecos hacia el turismo es ambigua: si bien casi todos obtienen ganancias en alguna medida de los turistas, también sufren las consecuencias negativas de la invasión de fureños. El alza del precio de los terrenos es desde luego un arma de dos filos para el habitante de Tepoztlán;

por un lado, significa que su propiedad está subiendo de valor en proporciones y velocidades increíbles; por otro lado, ya no puede comprar propiedades en el pueblo con la misma facilidad que antes y a veces tiene que establecerse en los límites exteriores para poder edificar una casita. Además, el gobierno del estado se ve frecuentemente tentado a subir drásticamente los impuestos en el pueblo, y esto podría forzar la salida del mismo de muchos campesinos. Junto con estos problemas económicos que trae el turismo, hay ambivalencias en las actitudes de los tepoztecos hacia ellos porque los turistas son en general más ricos que los tepoztecos, porque algunos turistas son extranjeros, porque algunos turistas son *hippies,* y porque muchos asocian la llegada de turistas con las alzas de casi todos los artículos. Por otra parte, el turismo ha traído influencias que la gente ha buscado imitar, como la forma de vestir, el gusto por el estilo tradicional de las casas tepoztecas, y muchos otros rasgos que los tepoztecos han asimilado de los turistas y de otras influencias capitalinas que han llegado a través de la televisión y las revistas.

Muchos tepoztecos que tienen interés en fomentar el turismo y sacarle el máximo provecho económico posible acusan al gobierno del estado de no promover ni dar las facilidades necesarias al turismo incipiente: Tepoztlán necesita agua en mucha mayor cantidad para promover un turismo en gran escala, y hay quien asegura que no se saca el agua necesaria porque esto afectaría las fuentes de agua que se utilizan en los fraccionamientos de terrenos más abajo que pertenecen a políticos estatales. En general, existe una teoría, que parece tener algo de fundamento, que dice que el gobierno del estado ha buscado minimizar el potencial turístico de Tepoztlán pues los altos jerarcas del gobierno tienen intereses en los fraccionamientos del valle de Cuernavaca, Oaxtepec y Tlayacapan. El primer paso que necesitaría darse en Tepoztlán para lograr una entrada masiva de turismo es la legalización y rectificación oficial del valor catastral de las propiedades; el segundo es definir con mucha exactitud cuáles son las parcelas comunales y cuáles las de propiedad privada: hay muchos inversionistas que no se atreven a comprar una propiedad o a fraccionar después de experiencias como la de Montecastillo o de otros particulares que han comprado propiedades con la aprobación de la receptoría de rentas y de la presidencia municipal y después se han encontrado en grandes pleitos con autoridades agrarias porque de repente resulta que el que vendió la parcela se había apropiado de terrenos comunales. El tercer paso que necesitaría dar el gobierno para alentar el turismo sería mejorar algunos servicios urbanos: ampliar y empedrar algunas calles, y mejorar el servicio de agua a domicilio que, en época de secas, falta en dos de cada tres días. Sin embargo, el catastro no ha entrado al pueblo en varias décadas y, por lo tanto, es imposible conseguir hipotecas bancarias para propiedades en Tepoztlán a menos que se hagan como préstamos personales. La situación de la tenencia de la tierra nunca se ha rectificado a pesar de que los políticos del estado tienen plena conciencia de los problemas que estas ambigüedades crean para todo el mundo. Los recursos de agua e inversiones en promoción turística y facilidades urbanas son prácticamente nulas.

Por otra parte, existe la posición, política de que todo el pueblo debería ser considerado propiedad comunal y que se debería de desalentar el turismo en el pueblo. Es importante destacar que hay varios distintos tipos de motivaciones tras de esta posición: por una parte, están aquellos que se oponen al turismo por los efectos económicos negativos que les causan; por otra, los que tienen objeciones al cambio en el estilo de vida que el turismo y la descampesinización están trayendo consigo; y, por último, hay gente que adopta la posición antiturismo por razones de conveniencia personal: se cometen muchos abusos con la bandera de la tierra comunal, gente que vende tierra comunal como particular a turistas para que después sus amigos armen borlotes suficientes como para extorsionarle al nuevo dueño fuertes cantidades de dinero. Hay comisariados ejidales que quitan tierra comunal ya previamente repartida para ofrecerla a un compadre o al mejor postor. En estos casos la posición antiturística es una ideología importante para extorsionar a algunas personas. La posición política de la gente que dice querer optar por el "regreso" a la comunidad campesina igualitaria no es siempre una posición honesta; frecuentemente se trata de una postura que permite que alguna gente saque doble y triple rendimiento a sus recursos a través de la amenaza y de la corrupción. Este hecho ha sido utilizado por aquellos que quieren desacreditar los aspectos legítimos de esta posición.

En 1969 el gobierno del estado pasó una nueva ley de impuestos prediales que alzaba el gravamen sobre las propiedades aproximadamente en un 2 000%. Esta ley afectaba igualmente a los ricos que a los pobres del pueblo, y mucha gente se reunió para ver en qué forma podrían reaccionar y luchar en contra de la nueva ley. Los pobres estaban amenazados con que sus propiedades fueran rematadas por el gobierno. Los altos costos de los nuevos impuestos cambiarían el carácter "rural" de pueblos como Tepoztlán, haciendo el costo de vivir en ellos prohibitivo para los pobres.

Un grupo de tepoztecos se organizó y formó una asociación civil llamada Unión de Propietarios de Predios Rústicos y Urbanos, de Contribuyentes y Usuarios de Agua del Municipio de Tepoztlán, S. A. y nombraron como presidente a Francisco Gutiérrez, un tepozteco muy hábil y enérgico que tenía alguna experiencia política en el ayuntamiento. Además, Federico Medina fue nombrado secretario y Pedro García tesorero. El nombramiento de Federico Medina como secretario iba en contra de la voluntad de la mayoría de los miembros de la asociación, pero como él insistió en formar parte de ésta, y como era el miembro de la asociación con más experiencia política, lo nombraron secretario.

El primer paso que dio el presidente de la sociedad fue conseguir asesoría legal sobre posibles formas de modificar la nueva ley. El abogado que consultó don Francisco le dijo que no había ningún recurso legal posible para el pueblo, ya que la nueva ley de impuestos ya se había ratificado en la Cámara de Diputados del estado. Entonces Francisco Gutiérrez estudió la Constitución hasta encontrar un artículo, el número 31, fracción 4ª, que lo protegía. Este artículo dice que es deber del ciudadano "contribuir para los gastos públicos, así de la federación como del estado y el municipio, *de la manera proporcional y equitativa* que dispongan las leyes" (yo subrayo). Con la ley en la mano la sociedad lanzó un ataque al gobernador en una larga carta con más de 400 firmantes con copia al presidente de la República, al secretario de Gobernación, al de Hacienda y a otros personajes, así como a la prensa nacional y del estado. La acusación de la asociación era que el gobierno del estado estaba alzando impuestos de una forma completamente desproporcionada no sólo a las posibilidades de los tepoztecos, como lo marca el artículo 31, sino también a las inversiones del gobierno del estado en Tepoztlán. La Asociación acusó al gobierno del estado de no haber realizado ni una sola obra en el pueblo con los impuestos de la gente, y se lanzó a una "huelga de impuestos" que fue apoyada por todo el pueblo.

Presionado por las denuncias en la prensa nacional y en varias revistas que dedicaron números a la pobreza de los tepoztecos y a las nuevas exigencias del gobierno estatal, así como por la carta que la asociación envió al presidente de la República y a sus ministros, acusando al gobernador de no haber invertido en Tepoztlán, éste publicó una respuesta a las quejas de los tepoztecos en *Excélsior* y *El Universal* en la que declaraba todo un presupuesto que dijo haber gastado en obras para el pueblo: 123 mil pesos para la junta local de caminos, 40 mil pesos en ingeniería rural, 475 mil en electrificación, y 144 mil en escuelas.

Esta era la trampa en que Francisco esperaba que cayera el gobernador; el presidente de la asociación acudió a cada una de las secretarías del gobierno federal que habían apoyado las obras construidas en Tepoztlán (caminos, escuela, luz eléctrica, etc.), y consiguió cartas oficiales que hacían constar que los únicos contribuyentes en todas las obras realizadas en los últimos años habían sido financiadas por el gobierno federal, el municipio y la cooperación de vecinos. Con estas cartas en la mano, la asociación, junto con un racimo de otros grupos de Morelos y de algunos otros estados que siguieron el ejemplo de Tepoztlán y se lanzaron a la huelga de impuestos, acudió a una entrevista con Alfonso Martínez Domínguez, entonces presidente del PRI, y expusieron sus razones para no pagar impuestos. La situación política nacional en el momento era delicada: Echeverría estaba en plena campaña presidencial, acababan de terminar los disturbios del 68, y el presidente de la República decidió evitar posibles problemas en el campo. El gobernador del estado se vio obligado a derogar la ya ratificada ley y a aumentar los impuestos únicamente en un 50%, en vez del 2 mil inicia

El poder en la era contemporánea

He definido la encrucijada en que se encuentra actualmente Tepoztlán en términos de la disyuntiva entre acabar de convertirse en un pueblo dedicado a actividades terciarias centradas alrededor del turismo, la industria y actividades profesionales en el magisterio, la industria o la burocracia, o conservar lo que resta del carácter "campesino" del pueblo.[14] A través de los conflictos específicos que he venido analizando resalta la actuación de dos grupos antagónicos, cada uno de los cuales toma una de las dos alternativas principales como su bandera, aunque ninguno ha logrado hacer triunfar su posición. El grupo de "los caciques" aún no ha logrado rectificar la situación de las tierras y fraccionar; el grupo de oposición ha logrado frenar la construcción de la Montecastillo, detener la invasión de CIVAC, retener el control sobre el agua del pueblo, y mantener en jaque a algunos presidentes municipales; sin embargo, no ha podido sacudirse del poder político de "los caciques" ni de la amenaza de que los impuestos suban, ni ha limitado la entrada de turistas al pueblo,

[14] Uso la palabra "campesino" entre comillas porque es poco descriptiva de lo que realmente es el sector en cuestión. La agricultura sería, indiscutiblemente, una parte importante de los ingresos de este sector; sin embargo, su dependencia del mercado es considerable y además generalmente goza de ingresos obtenidos (a veces a través de otros miembros de la familia) en otros sectores. Para un porcentaje significativo de la población tepozteca los efectos de la revolución están bien descritos en aquel corrido que dice:

Mi padre fue peón de hacienda
Y yo revolucionario
Mis hijos pusieron tienda
Y mi nieto es funcionario.

215

ni tiene respuesta al problema de los precios del terreno, ni tiene ya en la agricultura la mayor parte de sus ingresos.

El desarrollo del conflicto entre estos dos grupos opuestos, y el planteamiento mismo de las disyuntivas que se están presentando no puede ser comprendido fuera del marco organizacional de la política y economía regional en que se ubica el pueblo. Los problemas que hemos venido describiendo para la era contemporánea: conflictos sobre el control del agua, sobre la luz eléctrica, intentos de desarrollo turístico, alza en los precios de los terrenos, impuestos, conflictos limítrofes con la ciudad industrial, son todos aspectos inextirpables del desarrollo de la economía política del valle de Cuernavaca, de la ciudad de México, y de México en general.

He intentado hacer explícitos —aunque sea de una forma esquemática— los cambios en la organización jerárquica de la economía regional, del poder político-administrativo, y del poder social visto desde la perspectiva de los tepoztecos. La figura 11 muestra estas jerarquías para el periodo 1960-1978. En ella se puede ver cómo el poder dentro de Tepoztlán es parte de un dominio múltiple en que la concentración del poder social se da predominantemente en niveles superiores al de la comunidad. Al mismo tiempo, también se puede ver la creciente influencia de la economía regional centrada en la ciudad de México, que significa que Tepoztlán está cada vez más orientado a la economía regional del Distrito Federal mientras que administrativamente sigue bajo la jurisdicción de Cuernavaca. Este hecho

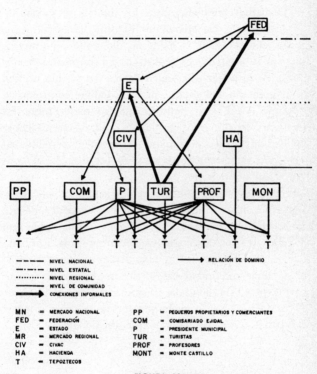

1960-1978

----	NIVEL NACIONAL	
-.-.-	NIVEL ESTATAL	
....	NIVEL REGIONAL	
———	NIVEL DE COMUNIDAD	
➡	CONEXIONES INFORMALES	

RELACIÓN DE DOMINIO

MN	=	MERCADO NACIONAL	PP	= PEQUEÑOS PROPIETARIOS Y COMERCIANTES
FED	=	FEDERACIÓN	COM	= COMISARIADO EJIDAL
E	=	ESTADO	P	= PRESIDENTE MUNICIPAL
MR	=	MERCADO REGIONAL	TUR	= TURISTAS
CIV	=	CIVAC	PROF	= PROFESORES
HA	=	HACIENDA	MONT	= MONTE CASTILLO
T	=	TEPOZTECOS		

FIGURA 11

217

crea ciertos tipos de contradicciones típicas de Tepoztlán: la dependencia económica respecto de la capital ha traído consigo acceso a recursos políticos federales que no son apreciados por la gubernatura. La falta de isomorfismo entre la jerarquía política y la económica en Tepoztlán también marca los límites del poder de "los caciques". En efecto, los Medina basan su poder en sus contactos en el gobierno del estado, en su influencia sobre políticos tepoztecos y, en mucho menor grado, en su poder económico dentro del pueblo. Como ni el gobierno del estado ni los Medina controlan la economía local, esto significa que su poder sobre las decisiones locales está limitado a ciertas esferas como la decisión de quién ocupara al presidencia municipal —que no siempre son las más importantes en la configuración política local.

Si bien es cierto que el sistema actual de poder en Tepoztlán marca límites muy reales al poder de los intermediarios, también el sistema es incompatible con el éxito de una ideología campesinista a la Emiliano Zapata. Cada vez resulta más evidente que "el retorno" a una comunidad campesina autosuficiente es imposible, y en realidad la pregunta política debiera de ser hasta qué punto y en qué forma se va a integrar Tepoztlán a la economía política regional.

Alianzas políticas

Fuera del conflicto por los impuestos, los años de 1967 a 1973 carecen de interés para la comprensión del sistema político tepozteco. Los principales conflictos en ese periodo giraron en torno a problemáticas bien aireadas en épocas anteriores: las elecciones a la presidencia municipal (en 1967 había un candidato popular de la oposición que no fue seleccionado por el PRI), intentos infructuosos de un presidente de volver a mezclar los sistemas del agua, y fraudes o ineptitudes en la remodelación del centro del pueblo —incluyendo la construcción bien costosa de un sistema de drenaje que no funcionó ni una semana.

En 1973 se dio una coyuntura poco ordinaria en la candidatura a la presidencia municipal: Joaquín Montemira, nieto de un general zapatista, arquitecto recibido, joven, que estuvo políticamente activo en el movimiento del 68, decide postularse como candidato a la presidencia municipal. Montemira no tenía mucho apoyo inicial en Tepoztlán ya que era huérfano, y no estaba apoyado ni por Guillermo Medina, ni por las élites locales, ni por la oposición del pueblo. Sin embargo, impresionaba favorablemente a uno de los candidatos fuertes para la presidencia de la República. Además, tenía el respaldo del gobernador del estado, que se interesaba en apoyar a un activista del 68, joven, enérgico, e impaciente por realizar obras en beneficio de su pueblo.

Joaquín Montemira entró a la presidencia con ganas de lograr mejoras concretas para Tepoztlán aunque eso significara pisotear los intereses de todos los grupos existentes, emborrachar a políticos, o andar agitando gente en los barrios. Sus primeras acciones como presidentes fueron amenazantes para gente muy diversa:

se puso más estricto con la calidad de los animales que se mataban en el rastro y la procedencia de los mismos;[15] luego atacó los privilegios de que gozaban algunos comerciantes del pueblo, quitó las mesas de un restaurante de la banqueta —limitándole así la clientela de los fines de semana—, aumentó la renta a los comerciantes que ocupan las tiendas de alrededor de la plaza, y se ganó así la enemistad de los comerciantes. Su siguiente paso fue apoyar a Santa Catarina en sus problemas con CIVAC; en un espíritu clásicamente echeverreísta, Joaquín decidió arreglar los problemas de una vez por todas y se llevó a los líderes de Santa Catarina a Los Pinos, consiguió entrevista con el presidente, y recibió la promesa de que el problema se resolvería y que CIVAC indemnizaría a los comuneros de Santa Catarina.

Esta acción de Montemira causó mucho desagrado tanto en el gobierno del estado como en CIVAC, así como a los líderes de la oposición en Tepoztlán que de momento se quedaron sin bandera política. Montemira jamás pidió apoyo a la oposición tradicionalista, ni le interesó identificar su posición con la de ellos. Más aún, convencido de que la posición de éstos era tan corrupta como la de "los caciques", Montemira quiso mezclar el agua del pueblo con la de Recursos Hidráulicos para quitarles el ingreso en "mordidas" que según él cobraban por ceder tomas particulares de agua. Así, la posición de Joaquín creó antagonismo en la oposición

[15] Parece ser que en algunas épocas se han matado en el rastro animales que eran robados de otros municipios por cuatreros.

220

del pueblo a pesar de que intentaba apoyar a Santa Catarina en contra de CIVAC; por otra parte también incomodaba a los medinistas por atacar a CIVAC y a los comerciantes.

Además de crear antagonismos con los grupos políticos establecidos del pueblo, Montemira cometió una serie de errores graves, el principal de los cuales fue darle rienda suelta a su gusto por las bebidas alcohólicas, que le costaría una lluvia de ataques muy fáciles de sustentar. La personalidad de Joaquín le dictaba actuar con rapidez, y esto le condujo a toda una cadena de imprudencias y errores políticos. Por ejemplo, era totalmente típico que, durante el periodo presidencial de Joaquín, no hubiera fondos ni siquiera para pagar a los empleados del ayuntamiento; esta falta de fondos se debía a los gastos excesivos de Montemira no sólo en comidas y bebidas para sus contactos políticos, sino en protección policiaca —que era una necesidad que adquirió por algunas imprudencias cometidas en estado de ebriedad. Montemira también quiso controlar al representante de bienes comunales, y así utilizar la grava y la piedra comunal para aumentar los recursos del ayuntamiento. Como el representante comunal era partidario de la oposición, no se dejaba controlar por Montemira, lo que llevó a que Joaquín intentara desbancarlo varias veces e incluso de meterlo a la cárcel.

Todos estos errores juntos hicieron posible que los grupos opuestos a Joaquín lo depusieran a pesar del apoyo del gobernador.

Cuando los de Santa Catarina vieron que no estaba

resultando efectiva la presión que estaban ejerciendo sobre CIVAC vía Montemira y la presidencia de la República, decidieron tomar las riendas del problema y previnieron a Montemira que no se metiera ya en el asunto, ya que iba a haber enfrentamientos armados. Joaquín se retiró del conflicto asustado de las posibles consecuencias, y en su lugar entró el CAM, organización en que participaba el grueso de la oposición. El CAM constituye el ala izquierda de las organizaciones campesinas del PRI y representa una especie de oposición interna a la CNC. Se organizó una invasión en la franja de Santa Catarina ocupada por CIVAC, y destruyeron las construcciones que había edificado CIVAC sobre los límites de Tepoztlán. A la invasión acudieron centenares de campesinos, algunos discretamente armados, que derribaron toda una serie de casas que el INFONAVIT estaba construyendo para trabajadores de las empresas. CIVAC estaba siendo vigilado por soldados, que no se atrevieron a disparar sobre la masa campesina por su número, y la magnitud de la matanza que hubiera significado.

Habiendo movilizado el apoyo de Santa Catarina, la oposición integrada al CAM se volvió en contra de Montemira acusándolo de corrupción; no sólo le recriminaron por las debilidades enumeradas arriba, sino también de hacer negocio con la tala de los montes que estaba ocurriendo en San Juan y que había polarizado a la gente en Santo Domingo, ocasionando varias muertes por el enfrentamiento entre facciones. El representante de bienes comunales presentó una demanda contra Montemira ante la Cámara de Diputados por intentar legislar fuera de su jurisdicción legal y por intentar meterlo a la cárcel.

Sin embargo, en esa época Joaquín aún conservaba el apoyo del gobernador, y no fue sino hasta que en una borrachera golpeó a un comerciante que se armó un movimiento bien coordinado en su contra. El comerciante agraviado llamó a la policía judicial y levantó acusaciones formales contra Montemira. Además, se llevaron al tribunal varias acusaciones de corrupción que se podían corroborar gracias a que el regidor de hacienda, enemigo político de Montemira, jamás le firmó un corte de caja al fin de mes debido al desorden en que Joaquín tenía la tesorería. Guillermo Medina también echó a andar sus influencias políticas y organizó a casi todos los expresidentes municipales contra Joaquín; según una versión de los hechos, Medina aconsejó al comerciante agraviado a apoyar económicamente a los del CAM y a alimentarlos durante los diez días en que ocuparon la presidencia municipal. El CAM recibió además otros beneficios del comerciante en cuestión, que les puso un teléfono y les pintó su sede en Cuernavaca como muestra de agradecimiento.

La oposición representada por el CAM probablemente no se dio cuenta entonces de quién iba a beneficiarse con la caída de Joaquín Montemira. De momento, los cuatro meses que faltaban para el término de su periodo presidencial fueron completados por el comerciante que había financiado el movimiento de derrocamiento; pero cuando llegó la hora de elegir a los nuevos representantes del pueblo, la oposición tuvo que llevarse una sorpresa no muy grata: el que realmente resultó fortalecido con la caída de Montemira fue Medina, y los intereses que los Medina representaban eran más antagónicos a la oposición que los de Montemira.

Para la nueva elección municipal la oposición preparó su planilla, proponiendo a un hijo de zapatista como candidato a la presidencia. El candidato tenía mucho apoyo popular, sobre todo de los pueblos vecinos a Tepoztlán que por tener una proporción de campesinos mayor en su población, apoyan con más fervor a la oposición. Sin embargo, Medina y su gente seguían manejando puestos influyentes en el gobierno, de tal forma que la candidatura del PRI fue a otro medinista, pese a que carecía de apoyo popular.

La oposición reaccionó con la violencia que parece caracterizarla, y el día de la toma de posesión del nuevo presidente municipal intentaron, siguiendo la práctica ya consagrada por el grupo, impedirle la entrada al palacio municipal.

Para apaciguar la oposición popular, el gobernador mandó llamar a los líderes resentidos y les pidió que acataran su decisión, ofreciéndoles como recompensa cuatro puestos políticos en el municipio: el tesorero, el juez menor, el receptor de rentas (que no es un oficial del ayuntamiento, sino del gobierno del estado), y el representante de bienes comunales. Al candidato de la oposición a la presidencia se le dio la de la junta local de mejoras. La oposición aceptó estos puestos y permitió que el nuevo presidente tomara posesión junto con sus dos regidores.

El nuevo periodo presidencial estuvo marcado por una lucha aguda entre el presidente y la oposición ya

224

que aquél apoyaba la urbanización del pueblo, y parecía, cuando yo estaba en el pueblo, tener los medios políticos como para extirpar a la oposición, al menos de los puestos políticos que comenzaron a ocupar. Existían grandes divergencias entre la oposición y el nuevo presidente municipal. La lista de prioridades para obras del ayuntamiento del nuevo presidente eran las siguientes: solucionar "el problema del tránsito" de autos los domingos; detener la construcción de casas en las faldas de los cerros (resultado de la inmigración de Guerrero y Oaxaca, del crecimiento demográfico, y de los buenos precios a los que se pueden vender terrenos dentro del pueblo); colaborar y obtener la aprobación en el gobierno de un plan maestro de desarrollo urbano que incluiría la integración definitiva del valle de Atongo al pueblo; planear el futuro de Tepoztlán como pueblo que reciba y pueda mantener una gran colonia de gente de la ciudad de México, como parte de un proyecto de desarrollo auspiciado por la SAHOP que se llama (o se llamaba en 1978) *conurbación*. De ser posible, al nuevo presidente le interesaba arreglar de una vez por todas la situación ambigua de la tenencia de la tierra y minimizar el papel que juegan las autoridades agrarias en el pueblo; según él, ya no existen realmente campesinos en Tepoztlán.

El primer conflicto serio con el nuevo presidente se desató cuando la Montecastillo discretamente volvió a intentar construir algo en sus terrenos, aparentemente con el consentimiento del presidente. La oposición nuevamente impidió la prolongación de las obras, y comenzaron a correr las acusaciones de corrupción de lado a lado. Sin embargo, teniendo buenas conexiones en el gobierno, las contraacusaciones de corrupción por parte del presidente municipal tuvieron más efecto que las de sus contrincantes, y en un corto plazo salieron de sus puestos el juez menor, el receptor de rentas y el tesorero. El juez y el tesorero fueron acusados de extorsión y de robo, respectivamente, y el tesorero tuvo que pasar varias semanas en la cárcel hasta que sus amigos lo lograron sacar. Nadie sabe muy claramente la razón por la que salió el receptor de rentas ya que el puesto está controlado directamente desde Cuernavaca y es posible que el cambio se haya realizado por la patente ineptitud administrativa del antiguo receptor.

El único superviviente político de los cuatro miembros de la oposición con puestos que quedaba cuando terminé mi estudio de campo era el representante de bienes comunales, la figura más importante y difícil de desbancar de los cuatro. El representante se movió durante un par de meses para intentar derrocar al presidente. Lo acusó de querer vender el municipio al Distrito Federal a través de las *conurbaciones*, de haberse robado el dinero que le achacaba al tesorero, etc. Sin embargo, en el enfrentamiento resultó más poderoso el presidente municipal y, como un mes después de mi salida de Tepoztlán, el presidente logró desbancar al representante comunal de su puesto con base en una acusación de corrupción que no se corroboró con una auditoría.

Al respecto de este conflicto es importante analizar el papel político que ha jugado "la oposición" en Tepoztlán. No es fácil entender bien cuáles son los nexos entre la oposición y el gobierno del estado, ni cuáles son las verdaderas motivaciones de los líderes del grupo. A pesar del radicalismo de los miembros de la oposición tepozteca, hay una contradicción clara entre su ideología y el tipo de economía política de la región. La oposición mantiene una relación con el PRI, sea a través del CAM o de la CCI o de la CNC. El CAM y la CCI dicen ir de acuerdo con los planteamientos centrales del presidente de la República, aunque no con los de sus gobernadores, diputados y presidentes municipales. Así, el CAM y la CCI evitan quedar en una situación de desprotección frente al gobierno. Al mismo tiempo, la conexión con el PRI permite que los líderes de la oposición puedan llegar a compromisos políticos que les dan acceso a ciertos puestos en los que ellos pueden actuar de manera tan corrupta como cualquier otro político.

Otra interpretación distinta a la arriba expuesta, que es sostenida por varios de mis informantes, es que hay una complicidad entre miembros claves de la oposición y los medinistas, en el sentido de que a ambos les puede convenir mantener la ambigüedad en la tenencia de la tierra del pueblo para fines lucrativos personales (la oposición para conseguir "mordidas" y Medina porque sólo así puede mantener su poder sobre potenciales inversionistas como Montecastillo). En caso de que esta interpretación tenga alguna validez, la ideología campesinista de los líderes de la oposición sería un arma tanto para ganarse popularidad en la comunidad como para legitimar sus reclamaciones de tierra. De esta manera la finalidad de la oposición sería mantener el juego con los medinistas para así vender y revender tierras comunales y lucrar con sobornos.

La tercera posibilidad es, desde luego, que la oposición sea exactamente lo que pretende ser: una manifestación de la voluntad de los campesinos tepoztecos.

Mi opinión al respecto de estas posibilidades es que las tres se aplican a diferentes miembros de la oposición, y que el grupo mantiene en su seno un conflicto entre su papel de representante legítimo de los intereses de ciertos grupos populares y las ambiciones políticas y económicas de gran parte del liderazgo del grupo.

Cuando terminé mi periodo de campo en 1978, la situación política del pueblo era la siguiente: el gobierno del estado estaba promoviendo nuevas tasas de impuestos sumamente elevadas, y el pueblo volvió a reunirse bajo el mando de Francisco Gutiérrez para ver si podían derogar la nueva política fiscal del estado. La oposición estaba definitivamente fuera del gobierno local, pero tenía, en mi opinión de entonces, el potencial de reaccionar tan fuertemente a su expulsión del gobierno como había sucedido en épocas anteriores. Tepoztlán parecía estar más cerca que nunca de que entrara el registro catastral y determinara el tipo de propiedad que existe en las distintas zonas del pueblo y del municipio. Esto significaría permisos de entrada a fraccionadores y la rectificación definitiva de la situación de compra-venta de tierra en Tepoztlán, así como la eventual descampesinización total del pueblo. Estos resultados significarían un fortalecimiento definitivo de los lazos directos de poder entre la economía centrada en la ciudad de México y Tepoztlán, dejando la puerta abierta incluso a que Tepoztlán se convierta en una especie de suburbio de la capital.

Por otra parte, existe la posibilidad de que la reacción del pueblo o de la oposición sea suficientemente violenta como para que mantenga la situación ambigua que ha existido ya desde 1929, o bien es posible que realmente el gobierno del estado no tenga interés en modificar el estatus ambiguo de la propiedad en Tepoztlán. El surgimiento de una tercera opción, diferente a estas dos, dependería sobre todo de nuevas opciones políticas en el nivel regional o nacional; si no se dan estas nuevas opciones, Tepoztlán se va a mantener en la encrucijada del "desarrollo urbano versus comunidad autónoma".

IV. RITUAL Y PODER: EL CASO
DE LOS BARRIOS

Mucho se ha escrito sobre las funciones y orígenes del
sistema de barrios que caracterizara a muchas comunidades rurales de México.[1] Ha habido debates sobre la relación del barrio con sistemas organizacionales precolombinos como el *calpulli* (Redfiel, 1930; Lewis, 1951;
Carrasco, 1976; Hunt y Nash, 1967); sobre el papel
que juega la fiesta del barrio y la organización de ma-
yordomías en asuntos como la estructura económica o
política de la comunidad campesina; o sobre la relación entre la organización simbólica de las relaciones
espaciales (e.g., cada barrio con su santo patrón, o sus
atributos sociopsicológicos, etc.) y la cosmovisión del
pueblo en cuestión (Bock, 1980; Vogt, 1970). En este
capítulo trato algunas de estas cuestiones en Tepoztlán
a la luz de la historia y de la organización espacial del
poder. Se trata de explorar la relación que guardan
el simbolismo de las fiestas, los santos, y la "cultura" de
cada barrio con las relaciones de poder y desigualdad
al interior del poblado, y así demostrar cómo las res-

---

[1] Vale la pena apuntar que los barrios modernos existen
sobre todo en aquellas comunidades que Wolf denominó "ce-
rradas", es por esto que aparecen tanto en la literatura antropológica mesoamericana; hay una carencia de datos comparati-
vos con comunidades campesinas que no poseen barrios.

230

puestas a problemáticas centrales en el pensamiento antropológico varían importantemente cuando relacionamos al sistema simbólico con el poder social de quienes lo usufructúan o lo padecen.

Antes que nada, procede una descripción breve de los barrios en Tepoztlán: en las fuentes históricas a las que tuve acceso no están claras las fechas en que se fueron formando los barrios que hoy en día constituyen Tepoztlán. Sabemos que a fines del siglo XVI ya existía el barrio de Santo Domingo; sin embargo los otros ocho barrios que se mencionan en documentos del siglo XVI (véase Carrasco, 1964), aún no han sido identificados con los barrios que han existido en Tepoztlán durante los últimos 150 años. Así, sabemos que los primeros barrios se crearon en el siglo XVI, y no tenemos más mención de los nombres de los barrios hasta principios del siglo XIX cuando aparecen nombrados todos los barrios de hoy en día menos San Pedro, San Sebastián y San José. Esto hizo suponer a Oscar Lewis que San Pedro y San Sebastián fueron formados a principios de ese mismo siglo, ya que existían sin duda para finales del XIX.[2] El barrio de San José fue formado en 1968.

Hoy en día, entonces, Tepoztlán tiene ocho barrios: Santo Domingo, San Miguel, La Santísima, Santa Cruz, San Pedro, San Sebastián, Los Reyes y San José. Cada barrio tiene su capilla, con un santo principal

[2] También es posible que estos dos barrios hayan existido antes y simplemente se haya omitido mención de ellos en el documento de 1807; existe en Tepoztlán la noción de que San Sebastián es el barrio más viejo de todos.

que en la mayor parte de los casos es el que le da el nombre al barrio (excepción hecha de La Santísima y Los Reyes), y un territorio que, según el recuento de Lewis, ha permanecido estable desde principios del siglo pasado. La gente que vive en una casa que está en el territorio de un barrio está obilgada a cooperar en la organización o el financiamiento de la o las fiestas del barrio. Se dice que una persona es miembro del barrio en que vive en tanto sea dueño de casa y coopere económicamente en la organización de las fiestas.

Cada barrio está, por lo tanto, asociado con un santo, y la rivalidad que existe entre barrios se expresa ocasionalmente en términos de la milagrosidad relativa de los diferentes santos. Además de esto, cada barrio lleva asociado a su nombre el de un animal que se usa para referirse a los miembros de los distintos barrios.

Los miembros de un barrio tienen idealmente una serie de elementos de unión, como es el trabajo comunal en "la parcela del santo" (para la recabación de recursos para la fiesta del barrio), el trabajo comunal que ocasionalmente se utiliza para mejorías al barrio y al pueblo, y algunos esfuerzos cooperativos ocasionales y esporádicos.[3] Como se verá más adelante, esta solidaridad de barrio está reforzada por el sistema de parentesco y de residencia después del matrimonio.

Hasta aquí la descripción preliminar. La discusión que sigue intenta responder a tres preguntas que han ocupado la atención de otros etnólogos: 1) ¿qué son y

[3] Por ejemplo, la organización de un sistema de vigilancia en el barrio de Santa Cruz en una época en que asaltantes vinieron a habitar al pueblo.

qué han sido los barrios en la estructura social de Tepoztlán?; 2) ¿está o no desapareciendo la solidaridad
e importancia del barrio como unidad organizacional
primaria del pueblo?, y 3) ¿qué simbolizan los rituales
y la nomenclatura usada para clasificar a los barrios?
Estas cuestiones han sido la fuente de extensos debates que prevén el contexto de este capítulo y que presento a continuación.

LA POSICIÓN DE REDFIELD

Uno de los asuntos que más interesó a Redfield en Tepoztlán fue el barrio y "la cultura del barrio". Redfield
enfatizó la autonomía de cada barrio con respecto al
resto del pueblo así como las especificidades sociopsicológicas de cada uno: "Tepoztlán, al igual que toda la
comunidad de la que es la aldea principal (o sea, el municipio de Tepoztlán), está compuesto de unidades semi-
independientes, cada una de las cuales se organiza
alrededor de una capilla y un santo patrón" (p. 69). Y
más adelante nos dice que "los barrios tienen, en verdad, diferentes culturas o, en otras palabras, distintas
personalidades" (p. 80).
Según Redfield las razones de la relativa independencia de cada barrio eran múltiples: 1) que la pertenencia
a cada barrio era hereditaria (1930:72), y como la
residencia después del matrimonio preferentemente es
virilocal, o sea que las mujeres se van a vivir a las casas
de sus maridos. En un barrio habría casi solamente
gente emparentada por línea paterna, es decir que los

barrios estaban compuestos por grupos de agnados; 2) el cultivo colectivo de la parcela del santo, la preparación de las fiestas del barrio, y el *cuatequitl* de barrio creaban una solidaridad de grupo por medio del trabajo conjunto; 3) muchos barrios tenían ocupaciones que los caracterizaban, por ejemplo, en San Sebastián se fabricaban reatas, en San Pedro y Los Reyes carbón, etc.; 4) la solidaridad de barrio tenía, según Redfield, gran arraigo histórico ya que "el barrio es fácilmente identificable con el *calpulli* precolombino... con la destrucción de la organización tribal que siguió de la Conquista, las funciones militares, políticas y jurídicas del *calpulli* cayeron en desuso. Sin embargo, las funciones sociales y religiosas, por no estar en conflicto con las formas españolas, por coincidir en alguna medida con la noción hispana de una parroquia, continuaron en Tepoztlán —así como en otros pueblos— hasta el día de hoy" (pp. 76-77).[4]

Estas razones llevaron a Redfield a afirmar que los barrios son unidades semi-independientes, que tienen su propia personalidad. El simbolismo animal de los barrios fue interpretado como una forma de entender las distintas características sociopsicológicas de los mismos:

A la gente de La Santísima se les llama *hormigas* porque son tantos; corren por doquier como hormigas y se meten en todo tipo de asuntos. Los de Santo Domingo se lla-

[4] Para Riedfield, el *calpulli* era originalmente un grupo de parentesco que se fue convirtiendo en un grupo territorial localizado. De la Peña (1980) arguye que el *calpulli* nunca fue una unidad territorial, sino únicamente de parentesco.

man *ranas* no sólo porque viven cerca del agua, sino que
están henchidos con su propia importancia... (p. 82).

De esta manera, y por las razones arribá mencionadas,
Redfield concebía a Tepoztlán como un pueblo con un
centro y siete unidades semi-independientes, cada una
de las cuales era social e ideológicamente bastante autosuficiente, y cada una tenía un *ethos* diferente.

LEWIS

El trabajo de Lewis es el que agrega material empírico
más extensivo sobre los barrios, ya que su estudio inclu-
yó un censo de casa por casa de todo el pueblo. Lewis
enfoca su material para demostrar varias diferencias que
él mantiene con Redfield; estas diferencias se pueden
resumir de la siguiente forma:

1) El barrio no desciende históricamente del *calpulli,* sino que es una creación colonial hecha con propósitos administrativos.

2) Los barrios carecen de cultura propia.

3) La importancia de los barrios como unidades organizacionales y rituales estaba decreciendo con la disminución de las diferencias entre el centro y la periferia
del poblado.

En defensa del primer punto, Lewis presenta el material histórico que está ausente en Redfield. La relación
en náhuatl que hizo que Redfield asumiera que el barrio
se deriva del *calpulli* no demuestra que esto realmente
haya sido así —la cita viene de una de las frases que

recita "El Tepoztécatl" en la fiesta anual del pueblo que dice: "Heme aquí rodeado por mis cuatro montañas, mis siete cerros, siete pozos y siete montes pedregosos" (Redfield: 72). En primer lugar, cada uno de los siete barrios de entonces no está asociado ni con un pozo ni con un cerro; además resulta que el patrón de asentamiento precolombino era más disperso que el contemporáneo —de todos los nombres de dichos asentamientos, solamente uno es identificable con un barrio de hoy (el de Santo Domingo); en tercer lugar, sabemos que el barrio era una forma de organización promovida por los españoles en los altos de Morelos para propósitos de administración de tributos y explotación del trabajo.[5] De esta forma, Lewis concluye que los barrios se fueron creando a partir del siglo XVI y que, probablemente, la mayor parte no se formaron sino hasta los siglos XVII y XVIII. Como ya se dijo, San Pedro y San Sebastián se habrán creado en el siglo XIX.

El segundo punto de Lewis, que los barrios no tienen culturas propias, lo apoya en varios hechos: en primer lugar, "la ausencia de tradiciones de barrio era impresionante. No encontramos a nadie que supiera la historia de su barrio. Nadie sabía cuándo fue construida la capilla de su barrio, o cuándo había sido adquirida la milpa de la capilla" (*op. cit.*: 26). En segundo lugar, el trabajo en colectivo por barrios no era tan frecuente como parecía en la "relación" de Redfield.[6] Por últi-

---

[5] Véase Lewis, 1951:20; De la Peña, 1980; Gibson, 1964; Carrasco, 1976.

[6] Lewis le da, a mi modo de ver, demasiada importancia

mo, el uso de nombres de animales para indicar características psicosociales no era tan frecuente y, por lo tanto (según la mentalidad peculiar de Lewis), era de poca importancia.

En relación al tercer punto, es decir a la tendencia hacia la desaparición de la importancia del barrio, Lewis arguye lo siguiente: el barrio perdió su importancia como una unidad administrativa y política con las reformas de Juárez y la creación del sistema de demarcaciones que se utiliza hasta la fecha para propósitos de gobierno. A partir de estas reformas el barrio mantiene únicamente una unidad ritual y religiosa, reforzada posiblemente por ciertos lazos de parentesco[7] y, definitivamente, por algunas barreras de clase y étnicas expresadas a través de la separación entre los de arriba y los de abajo. Sin embargo, Lewis afirma que, por un lado, esta distinción no corresponde a la división de los barrios:

> Durante el régimen de Díaz la distinción entre los barrios grandes y chicos en términos de los del *centro* y los de la *periferia* correspondían en alguna medida a distinciones de clase ya que la mayoría de los caciques y comerciantes vivían en el centro. Empero, estrictamente hablando esta distinción no era atinada, ya que todos los barrios grandes tenían su porción de pobres y anal-

a la frecuencia estadística del *cuatequitl*, y casi ninguna a su significado simbólico o político dentro de la comunidad.

[7] Lewis no ignoraba las características de patriclanes que tenían los barrios, pero mantenía que los lazos de parentesco que iban más allá de la familia nuclear eran de poca importancia.

fabetos; y como ya hemos visto, parte de los barrios grandes está casi tan lejos del centro como los pequeños más distantes (p. 26).

Por otra parte, Lewis también afirmaba que las distinciones entre centro y periferia (que, como vimos, él no asocia con distinciones de clase entre barrios) están disminuyendo ya que "los barrios ahora participan más equitativamente en la vida del pueblo. La distribución de servicios ya no está limitada al centro" (*Ibid.*: 26). Ciertamente, esta tendencia a la igualación del pueblo se ha exacerbado desde los años cuarenta.

Así, el panorama que pinta Lewis es uno en que los barrios han ido disminuyendo en importancia, probablemente desde la época de Juárez; ya no se puede hablar de "culturas de barrios" ya que no existe una base comunitaria para mantener estas culturas, y que la tendencia histórica es a igualar las diferencias entre barrios, a la disminución en la importancia del ritual de barrio y, por ende, a la fusión de todo el pueblo.[8]

Bock

En un estudio fascinante, Phillip Bock (1980) retoma la cuestión de los barrios en Tepoztlán a la luz de nuevos enfoques antropológicos (principalmente el de Lévi-

[8] La disminución en la importancia del ritual de barrio se ve, según Lewis, en el hecho de que ahora se alquilan algunas de las parcelas de los santos (y de entonces para acá incluso se han vendido algunas).

Strauss) y de la creación del barrio de San José. Las ideas centrales de su contribución son: 1) la división de Tepoztlán en barrios constituye un marco simbólico que representa aspectos profundos y muy vivos de la cosmovisión del tepozteco; 2) la vitalidad de este marco simbólico reside en el hecho de que la comunidad campesina en Tepoztlán es, aún después del proceso de rápido desarrollo que presenció Lewis, una alternativa políticamente deseable para muchos tepoztecos; y 3) la creación del nuevo barrio de San José demuestra tanto los principios cognitivos que operan en la organización de barrios como las bases sociológicas que mantienen vivo y operante a dicho sistema.

El artículo de Bock es novedoso para el análisis de Tepoztlán y de sistemas simbólicos en México en general ya que apunta a explicar y dar lógica a detalles etnográficos analíticamente ignorados en la mayor parte de la literatura sobre el tema. De una manera análoga el funcionalismo con que Radcliffe-Brown explicó el totemismo (los tótems son buenos para comer), Redfield y Lewis explican el simbolismo animal de los barrios en términos de las características específicas de cada animal y no de la relación que guarda el sistema simbólico total con la realidad sociológica.

Para Bock, la totalidad del sistema simbólicoespacial en Tepoztlán tiene que ver con la cosmovisión de la comunidad: la relación entre cultura y natura, lo indio y lo ladino, las milpas y los montes, etc. Y la relación que guarda esta cosmovisión con procesos sociológicos vitales es que...

...el campesino clásico es menos dependiente de la élite que viceversa. Así, en los periodos de descontento político o de decadencia imperial, la comunidad campesina ha logrado sobrevivir. Se ha enfrentado con dificultades y pérdidas, es evidente, pero también ha mantenido su integridad como grupo social, ya que cuenta en su interior con el personal y las habilidades de subsistencia necesarias para la supervivencia (Bock: 6).

El resurgimiento de esquemas conceptuales tradicionales en Tepoztlán (evidenciado por la formación en 1968 del barrio de San José) es como una reafirmación —ante el desencanto que trajeron los años sesenta con el desarrollismo— de la autosuficiencia de la comunidad (véase *ibid.*: 6, 7, 29).

Como Bock es el primero en tratar de descifrar la lógica total del sistema simbólicoespacial de Tepoztlán, las proposiciones que he elaborado al respecto parten de su análisis de dicho sistema —sin él no hubiera podido desarrollar mis propias proposiciones sobre el uso de sistema simbólicos en las relaciones de poder en Tepoztlán.

Según Bock, el sistema de los barrios simboliza lo siguiente: figuras 1, 2 y 3.

En la primera figura la división arriba/abajo además de proveer el eje a partir del cual se dan oposiciones binarias entre símbolos de barrios, es fundamental pues representa la separación entre cerros y milpas, entre época de secas y época de lluvias, y aun posiblemente entre natura y cultura. Aunque Bock no explora muy profundamente las implicaciones de estas dicotomías en la vida diaria de Tepoztlán, está claro que son muy

Simbolismo animal en los barrios de Tepoztlán.

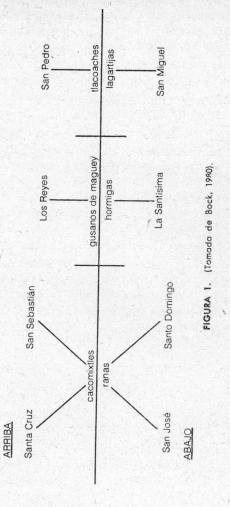

FIGURA 1. (Tomada de Bock, 1980).

241

profundas: la división cerros/milpas, secas/lluvias y natura/cultura se puede extender también a las de indios/criollos, *tlacolol*/arado y ricos/pobres. Todas estas dicotomías son consonantes con los estereotipos locales de las características de los barrios de arriba versus los de abajo.[9] Se podría añadir que la dicotomía seco/mojado es también análoga a la de pobreza/prosperidad.

El papel de los símbolos específicos de cada barrio es el de dar fuerzas a estas dicotomías (implicadas en la división arriba/abajo) que son vitales para la conciencia colectiva de los tepoztecos. Así, las fechas de las fiestas de cada barrio asocian a los barrios de arriba con la época de secas, y a los de abajo con la de lluvias (véase figura 2); la rana de Santo Domingo y San José está asociada con la cercanía al agua, mientras que el cacomixtle de Santa Cruz y San Sebastián se asocia con la cercanía a los cerros; la simetría que guardan con los de abajo (que, según Bock, consiste en que cada serie de tres animales pertenece a distintos órdenes biológicos: [serie de arriba] mamífero, larva y marsupial —[serie de abajo] anfibio, insecto y reptil;

[9] Es sabido que los de arriba son calificados de "indios", y que es sinónimo, en este contexto, de poco civilizado; lo que se corresponde con la división entre *tontos* y *correctos* de Redfield, así como con la asociación mental entre *tlacolol* y barrios de arriba, y propiedad privada con milpas, riqueza y barrios de abajo. Dice Lewis que "muchos se refieren a los barrios pobres de San Pedro, San Sebastián y Los Reyes como "indios". El término es utilizado como una crítica que se refiere a gente que carece de autocontrol y es capaz de ser violenta" (*op. cit.*: 53.)

que son cuatro barrios y tres animales tanto arriba como abajo; cada animal de abajo tiene su opuesto arriba (ver figura 3); que haya una trinidad tanto arriba [Los Reyes] como abajo [La Santísima]) es indispensable para mantener el contraste arriba/abajo. Tan es así que, según la interpretación de Bock, el barrio de San José fue formado para mantener la simetría que hace claro el mapa cognitivo del mundo campesino de Tepoztlán.

PODER Y SÍMBOLOS ESPACIALES: REINTERPRETACIÓN DEL SISTEMA DE BARRIOS

Está claro que cada uno de los enfoques que hemos visto presenta algunos puntos fuertes y algunos problemas. Godoy (1975) muestra cómo Redfield estaba influenciado por la idea de que la sociología era una ciencia nomotética (o generalizadora); esta inclinación de Redfield no va suficientemente bien aunada —y a veces entra en contradicción con— el material histórico y etnográfico concreto. Así, por ejemplo, Redfield concluye que los barrios son unidades semi-independientes, con base en ciertas normas que existen en el pueblo (como la de residencia virilocal, o de trabajo comunal por barrios) y no se preocupa por medir ni la importancia empírica de estas normas sociales, ni por meterlas en un contexto histórico cambiante.

A Lewis le sucede un poco lo contrario; su enfoque netamente empirista y no generalizador —ideográfico, para seguir con la terminología que utiliza Godoy— no le permite entender el significado de lo que ocurre fuera de su frecuencia estadística: Lewis nota que la frecuencia del *cuatequitl* es muy baja y, por eso, concluye que la base del "esprit de corps" del barrio es débil (p. 109-110). Como la gente no manifiesta saber nada sobre la historia de su barrio o de su capilla, los barrios carecen de una "cultura propia" (p. 26); dado que, en realidad, la división arriba/abajo no corresponde estrictamente con las líneas socioeconómicas, dicha división carece de una realidad sociológica que la sostenga y es, por tanto, una generalización "emica" falsa. Este problema de Lewis impide entender a Tepoztlán como un pequeño sistema: en su monografía se ven frecuencias estadísticas de comportamiento social, y no una estructura social abstracta que nos permita comprender el funcionamiento y la dinámica del sistema total.

En cuanto a su análisis de los barrios, ya vimos con Bock que tanto Redfield como Lewis pecan de no analizar el sistema simbólico en su totalidad, y al parcializarlo caen en el tipo de funcionalismo que critica Lévi-Strauss en *El totemismo hoy día*. El trabajo de Bock es el único que analiza la totalidad del sistema simbólico espacial *qua* sistema; sin embargo, su trabajo nos deja con varias preguntas que no están resueltas en una forma satisfactoria. Por ejemplo, ¿qué es lo que motiva la creación y "réplica estructural" de este sistema simbólico?

La respuesta de Bock es que 1) el mecanismo que motiva la *réplica* (o reproducción) estructural-simbólica es una necesidad del sistema cognitivo de clasificar los

244

fenómenos sociales con un cierto orden y simetría; 2) que los temas básicos de este todo simbólico son contradicciones muy profundas en el seno de Tepoztlán como comunidad campesina relativa o potencialmente autosuficiente; y 3) que la reproducción de estas oposiciones simbólicas básicas son, por implicación, una reafirmación del carácter campesino y de la voluntad de autodeterminación de la comunidad.[10]

A mi modo de ver, hay dos problemas en estas proposiciones: 1) los campos simbólicos son también arenas donde se detectan contradicciones y manipulaciones entre grupos de poder opuestos (sean facciones o clases) y no únicamente de la comunidad como un todo; 2) el cambio histórico de estos campos simbólicos tiene que reflejar los cambios en la estructura de poder que en una muy buena medida los está generando. Es decir, que la creación de símbolos es un proceso que tiene que ver también con los usos políticos concretos que en coyunturas específicas reciben dichos símbolos. Por implicación, la renovación de símbolos no sería un mero proceso de "réplica estructural", sino que en este proceso habría cambios en el sentido mismo de la "estructura simbólica". Ésta quedaría, entonces, como un sistema de parches y enmiendas que no son comprensibles en el análisis sincrónico —aunque, por la multivocalidad de los símbolos y el afán de simetría (entre otras co-

[10] En realidad, Bock sólo afirma explícitamente la primera y la tercera de estas proposiciones, la segunda es una parte integral de la teoría estructuralista de Lévi-Strauss y, en cierta forma, es indispensable incluirla como postulado implícito en Bock.

sas) dicha estructura tenga sentido en dicho análisis. La totalidad del sistema simbólico de Tepoztlán *tiene que ser analizado por partes*: ¿qué aspecto corresponde a qué lucha de poder o contradicción humana general?— esto nos lleva necesariamente a un análisis histórico. Pero, por otra parte, en la totalidad del sistema sí corren ciertas contradicciones permanentes mientras permanezca una macroestructura (¿o modo de producción?) dada. Esto hace posible un análisis estructuralista sincrónico, ya que ciertas contradicciones básicas del modo de producción se encuentran permanentemente en el sistema simbólico de Tepoztlán; sin embargo, este análisis de ninguna manera es suficiente para entender tanto el significado específico de los símbolos, como la dinámica de su cambio.

Separación histórica de los nombres de barrio, nombres de animales, conflicto centro/periferia, división arriba/abajo, y rivalidad entre barrios de abajo. Para descifrar este problema, entonces, es indispensable partir de cuál es o fue la base de poder que sustentaba cada ritual o símbolo. Empecemos por las manifestaciones de la individualidad de cada barrio. ¿Cuál es la fuerza que hace distinguibles a los ocho barrios? ¿por qué cada uno tiene una fiesta? ¿por qué cada uno tiene mote de animal?

Es claro que la respuesta a estas preguntas ha variado grandemente desde la Colonia hasta el presente. Aceptando que el barrio es una creación administrativa del gobierno colonial,[11] este es el punto de partida lógico

11 Ha habido debates al respecto de esta cuestión, Red-

del análisis. En mi opinión, es posible también trazar algunas de las oposiciones simbólicas en el pueblo en la época prehispánica: la orientación de los distintos barrios y el simbolismo animal que he logrado identificar indican que esta operación es factible. Por ejemplo, la línea arriba/abajo es —aún hoy— una división entre oriente y poniente (y, en alguna medida, entre noroeste y sureste), en la religión azteca esta división estaba asociada con época de secas/época de lluvias. Asimismo los nombres de los animales tienen claras asociaciones con la religión azteca: ranas y lagartijas están asociadas con los *tlaloques*-dioses del agua. No es improbable que los gusanos de maguey hayan tenido algo que ver con el culto a Ome Tochtli —el dios del pulque—, aunque en mi opinión la división entre grupos de animales tiene que ver, en la época prehispánica, con una oposición entre plagas y fertilidad. Las ranas y las lagartijas y el surente son símbolos de agua y fertilidad; los gusanos de maguey (véase De Lameiras, 1974), las hormigas (ver Bock, 1960) y los cacomixtles (ver la

field y posteriormente Ingham (1971) han argüido lo contrario, mientras que Lewis y De la Peña coinciden con esta interpretación. En mi opinión, Hunt y Nash (1967) y Oliver (1976) tienen razón en señalar que el *calpulli* fue un antecedente histórico importante para el barrio, pero que el barrio mismo fue sin duda una creación colonial, es decir que las dos posiciones no se contradicen muy significativamente. De la Peña insiste en que el barrio no es una unidad de parentesco como lo era el *calpulli;* incluso duda de la existencia del *calpulli*. Los documentos traducidos por Carrasco (1964, 1972, 1976) hablan sin ambigüedades de *calpullis,* algunos de los cuales coexisten con barrios.

Relación de las cosas de Yucatán, de Diego de Landa) son plagas. Los tlacoaches son los únicos animales para quienes no tengo referencias en textos que mencionan las asociaciones que había en mesoamérica entre animales e ideas.

Si es que lo que estoy proponiendo es verdad, esto significaría que: 1) la oposición fertilidad/destrucción-aridez era expresada en la organización espacial de Tepoztlán aun antes de la formación de los actuales barrios, y 2) que la tentación de afirmar que "todo empezó en la Colonia" no debe de ser perseguida si se quiere entender el uso específico de algunos símbolos. Ambas ideas han sido ya avanzadas de una forma brillante por Hunt(1977) y creo que el caso de Tepoztlán confirma la utilidad de su modelo de la religión azteca.

El barrio es una institución que fue creada durante el siglo XVI para concentrar y organizar a la población indígena.[12] Las razones de esta acción eran: 1) facilitar la recabación de tributos; 2) facilitar la recabación de trabajo indígena para las tierras bajas; y 3) tener a los indios concentrados para mayor control, más fácil cristianización, etcétera.

Así, el barrio fue, durante la Colonia, una institución *para indios.* Cada barrio tenía asignada una porción de tierra comunal (De la Peña, 1980), y la pertenencia al barrio era hereditaria por línea paterna (Redfield, 1930). Es válido suponer que en Tepoztlán, como en

[12] Hunt y Nash describen cómo algunos barrios coincidían con las poblaciones prehispánicas mientras que otros sirvieron para concentrar una población más dispersa. Lewis demostró que en el caso de Tepoztlán se reconcentró la población.

otros pueblos donde la documentación ha sido estudiada (Olivera, 1976) cada barrio haya estado compuesto por uno o varios grupos de agnates. Con seguridad estos grupos constituían grupos de intereses relativamente homogéneos ya que cultivaban la misma tierra comunal.

Se ha argüido que en las sociedades donde hay grupos de agnates localizados en un solo sector territorial y asociados con una misma fuente de subsistencia, dichos grupos tienen el potencial de convertirse en unidades especialmente solidarias, independientes, bien organizadas, y listas para el conflicto [13] (Ember, Ember y Pasternak (1974), Swanson (1974), Paige (1974). Es claro que cada barrio —al mantener juntos y unidos en sus intereses a los hombres de una parentela— habrá estado compuesto por uno o varios grupos altamente cohesivos. Es posible que, además, en esta circunstancia se encuentre el origen del alto índice de endogamia de barrio que aún observamos hoy día (42% en la época de Lewis —para análisis de estos datos, ver *infra*). Como el barrio era un grupo de interés cerrado, si en cada barrio había dos o más grupos

---

[13] Esto se debe a que existen menos *"cross-cutting cleavages"* que en cualquier otra situación posible; como en todas las sociedades conocidas el poder está en manos de los hombres, cuando los hombres de una familia están dispersos la posibilidad de unidad del grupo para el conflicto se aminora. Cuando, en cambio, todos los hombres relacionados por parentesco e intereses en la producción están juntos, el efecto es un grupo altamente solidario a su interior, y con pocas obligaciones hacia el exterior.

de agnates, el estímulo para intercambiar esposas entre estos grupos, versus grupos de otros barrios, habrá sido muy alto, sobre todo en épocas en que había competencia por el acceso a tierra comunal. Las relaciones matrimoniales y el intercambio de mujeres son factores que comunican a grupos de parentela —esta comunicación y relación de intercambio usualmente se utiliza para crear una solidaridad entre los dos grupos en cuestión. La tendencia a la endogamia de barrio —que habrá sido aún mayor en tiempos de la Colonia que hoy en día— junto con el patrón de residencia patri o virilocal habrán hecho de cada barrio un grupo de intereses sólidamente unificado a su interior, y débilmente comunicado a su exterior. Por la competencia por tierra comunal entre barrios y la alta tendencia a la endogamia de barrio, las relaciones de solidaridad entre barrios habrán sido débiles.

Desde este punto de vista resulta evidente que durante la Colonia había bases fuertísimas para mantener rituales individuales para cada barrio, competencia ritual de un barrio con otro, y motes de animales para cada barrio. Si la terminología de Redfield aún fuera operativa, podríamos decir que, en la Colonia, cada barrio tenía "su propia personalidad" y, ciertamente, que eran unidades semi-independientes del poblado como un todo.

Pero la razón de las fiestas de cada barrio no termina con la competencia interna entre grupos de intereses locales por tierra, agua, etc. También supone intereses de la Iglesia, de la administración colonial, y de los hacendados. Dice De la Peña:

A un nivel la fiesta podría ser definida como una afirmación simbólica de los intereses colectivos de un grupo de personas cuyos derechos sobre la vivienda y la tierra dependían de su pertenencia a un barrio (...) Pero hay otros niveles de definición que también tienen que tomarse en cuenta. La cohesión y la existencia misma del barrio o de la comunidad indígena dependían de su integración y subordinación a un marco de referencia mayor: la administración colonial (p. 72).

De la Peña describe cómo la administración, el clero y los hacendados —todos con diferentes motivaciones— hacían que funcionara el ciclo de las fiestas: los indios, cuando se veían amenazados por la expansión de propietarios españoles sobre sus territorios sólo podían defenderse a través del gobierno (que había *decidido* que aquellas tierras habrían de permanecer comunales). La fiesta era una forma de apelación al gobierno vía el clero y la buena voluntad que mostraban los indios hacia la corona al participar fervientemente en fiestas católicas. Para el clero eran importantes estas manifestaciones ya que demostraban la importancia de su presencia. Por todo esto, si las comunidades lograban que el clero las apoyara, sus posiciones frente a los colonos a la administración eran mucho más seguras. Por otra parte, los hacendados apoyaban materialmente a algunas fiestas para establecer relaciones de buena voluntad con los comuneros —que a veces les concedían uso de pastizales o de leña.

Los indígenas competían entre sí y con quienes no lo eran por viviendas, tierra y agua; los sacerdotes y los burócratas competían por la mano de obra indígena; los propietarios españoles corrompían a los funcionarios indígenas que entraban en conflicto con sus comunidades por la propiedad comunal; los funcionarios indígenas competían entre sí por los favores de la corona y la Iglesia (*Ibid.*: 75).[14]

Ahora también se entiende que el uso de motes animales habrá sido una forma *interna* de los barrios para referirse a su rivalidad (es notorio, entre otras cosas, que estos motes están en náhuatl) mientras que el uso de santos y su milagrosidad habrá sido un lenguaje común con el clero, la administración, etcétera.

En este contexto colonial entendemos perfectamente el origen y sentido de la rivalidad simbólica entre barrios, pero hay varias cosas que no se entienden del marco simbólico total descrito por Bock, el principal de los cuales es la división arriba/abajo. En efecto, aunque hayan existido barrios arriba y otros abajo, la connotación de riqueza y aculturación diferencial por estas líneas no habrá sido muy clara entonces. Las élites locales de comerciantes y propietarios criollos y mestizos no pertenecían, por definición, a los barrios. Es justificable suponer que habrán vivido en torno al centro, junto a las instituciones coloniales por excelencia: la iglesia, el mercado y la plaza. Así, las dicotomías ricos/

[14] Los funcionarios indígenas en Tepoztlán se llamaban tequitlatos y eran representantes del barrio hacia el exterior. Lewis propone que estos tequitlatos pueden haber sido jefes o enganchadores de indios que trabajaban en repartimientos (*op. cit.*: 22), este es el caso también en San Andrés Cholula (Olivera, 1976).

pobres, civilizados/no civilizados, *tlacolol*/arado que van implícitas en la dicotomía arriba/abajo de Bock ciertamente no habrán existido entonces. Si acaso, estas dicotomías se habrán fraseado en términos simbólicoespaciales como centro/periferia (tal y como lo visualiza Lewis para el porfiriato). Esto no niega la posibilidad de que, junto con las oposiciones entre barrios individuales haya habido alguna división entre los de arriba y los de abajo, pero esta división —en caso de haber existido— hubiera estado vacía en un fundamento en las relaciones de poder del poblado y hubiera simbolizado únicamente cuestiones generales de la relación del tepozteco con su medio ambiente como la dicotomía milpas/monte o lluvia/secas.

Por otra parte como no sabemos a ciencia cierta cuáles eran los barrios que había en la Colonia, no podemos estar seguros de si guardaban una simetría en las líneas arriba/abajo que hoy en día aparentan guardar.[15] En todo caso resulta obvio que el sistema simbólicoespacial estaba cargado de otros significados: la

[15] Si es que, como se ha propuesto, había 4 o 5 barrios en el transcurso de la mayor parte de la Colonia, estos habrán sido Santo Domingo, San Miguel, La Santísima, Santa Cruz y Los Reyes. O sea que, si seguimos a Bock, habría que pensar en una oposición así:

ARRIBA:	cacomixtles	gusanos de maguey
ABAJO:	ranas	lagartijas hormigas

Aunque ciertas oposiciones bockianas se mantienen (cerca del agua/cerca del cerro), desaparecen otras como noche/día y, ciertamente, desaparece la simetría; es probable que la organización de estas relaciones haya corrido por otras líneas.

253

Ordenamiento simbólico de los barrios según la época del año en que caían sus fiestas

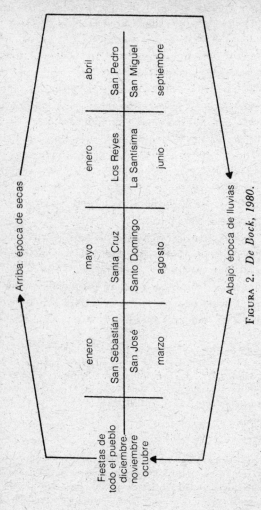

FIGURA 2. *De Bock, 1980.*

Oposiciones expresadas por símbolos de animales con las
oposiciones inferidas entre paréntesis

arriba (seco) (cerros: natura)

piedra	planta	lento (noche)
tlacoaches	gusanos de maguey	tlacoaches
ranas	hormigas	lagartijas
agua	tierra	rápido (día)

abajo (lluvia) (milpas: cultura)

Figura 3. *Tomada de Bock, 1980.*

rivalidad entre barrios individuales (versus entre grupos
de barrios) habrá sido mucho más importante que hoy
en día ya que la base de esta rivalidad era mucho más
firme que ahora (por su asociación a la tierra y al
trabajo); las dicotomías centro/periferia, ricos/pobres,
criollos/indios (¿cultura/natura?) no habrán estado
asociadas con los barrios (arriba/abajo) sino con las
diferencias entre el centro (la plaza, los comerciantes
y los criollos) y la periferia (los barrios de indios).[16]

Esto resuelve el origen de la individualidad de cada
barrio, del significado de sus manifestaciones rituales

[16] La separación de arriba/abajo puede haber tenido alguna base en el sistema de poder en cuanto a que los barrios
más grandes y por tanto con mayor poder estuvieron siempre
abajo.

255

individuales, y de los motes animales de cada uno. Antes de llevar este panorama a la situación contemporánea hay que situar las bases de poder de otras dos manifestaciones rituales claves del sistema simbólico-espacial tepozteco: 1) la competencia entre barrios de abajo (vista ritualmente en el carnaval), y 2) la división arriba/abajo con su contexto actual de división de clases y étnico.

Desafortunadamente, no poseemos una historia del carnaval que vaya más atrás de los años veinte, y ya he abusado un poco en la creación de modelos basados en historia conjetural. No sé cuando haya comenzada a funcionar la festividad del carnaval con la organización de comparsas de danzantes por barrios.[17] Pero el síndrome de competencia entre barrios de abajo (que son los que tienen comparsas en Tepoztlán) probablemente haya comenzado después de la Colonia, entre los barrios de Santo Domingo y San Miguel. Sabemos que la comparsa de La Santísima fue creada al principio de la década de los veinte.

Como ya explicamos, las comparsas son organizaciones relacionadas a un barrio que organizan los grupos de danzantes (llamados chinelos) y que contratan bandas tropicales de la ciudad para el baile posterior. Estas comparsas tienen gastos muy elevados —mucho más que los de las fiestas de los barrios— y han sido, tradicionalmente, prerrogativa de los barrios grandes de abajo.

---

[17] De la Peña dice que la música que se toca en el carnaval de Tlayacapan puede tener hasta 400 años (*op. cit.*: 278), pero no dice nada sobre el sistema de comparsas y la competencia entre éstas.

Es evidente que esta festividad está relacionada y responde a estímulos sociológicos distintos a los de las fiestas de cada barrio. Las comparsas están ligadas a barrios, pero únicamente a los tres mayores (abajo). La competencia y rivalidad tradicional entre estas comparsas expresan conflicto y animosidad al interior de una porción, y no de todo, el poblado; por lo tanto es justificado, como en el caso de las expresiones rituales de individualidad de cada barrio, buscar las bases de poder de este ritual.

Propongo que el aspecto de la estructura de poder tepozteca que se expresa en el ritual del carnaval es la lucha por el poder que se da entre macrogrupos de relaciones de patrón-cliente que coinciden en alguna medida con las delineaciones de los tres barrios grandes de abajo. Es sabido que desde tiempos inmemoriales el poder político en Tepoztlán está monopolizado por personas de los barrios de abajo;[18] mi tesis es que debido a la tendencia a la endogamia de barrios y a la residencia virilocal, se siguen manteniendo relaciones de patrón-cliente al interior de los barrios. Esto es especialmente relevante en el caso de los tres barrios mayores porque son altamente heterogéneos en cuanto a la riqueza y las ocupaciones de sus miembros, heterogeneidad que da pie a la formación de redes egocéntricas de interacción que se traducen en grupos de presión

[18] Suponemos que con el final del sistema colonial los terratenientes (criollos y mestizos) se fueron incorporando a los barrios que circundan la plaza. Todos los caciques de la época del porfiriato eran de abajo (Lewis: 223). Para tener datos modernos al respecto, véase *infra*.

257

política al interior del poblado. Esto sienta la base para competencia entre estos grupos por acceso a los puestos locales de poder. Esta competencia está expresada en el campo ritual a través de la rivalidad entre comparsas, y el derroche de riqueza en gastos conspicuos.

Para fundamentar esta tesis necesitamos adentrarnos en detalle en las características de los sistemas económicos y de parentesco de los barrios. He reelaborado material de los censos sobre unidades domésticas compilado por el equipo dirigido por Lewis (1944) con los siguientes resultados:[19]

TABLA 1: POBLACIÓN DEDICADA A LA AGRICULTURA, POR BARRIOS

La tabla 1 arroja luz sobre el apego a la tierra, sea como pequeños propietarios, ejidatarios, o comuneros que encontramos en cada barrio. Por la enorme preponderancia del minifundio cn Tepoztlán es válido suponer que la mayor parte de las personas que usufructúan estas tierras —bajo cualquiera de estas formas de propiedad— son campesinos. La tabla 1 muestra que los cuatro barrios de arriba tienen una mayor proporción de agricultores que los cuatro de abajo. Los barrios de arriba son, vistos con estas cifras gruesas, más campesinos que los de abajo.

[19] Hubiera sido de mucho interés poner al día el material incluido en estos censos; sin embargo, esto está más allá de las posibilidades y el presupuesto de este estudio.

258

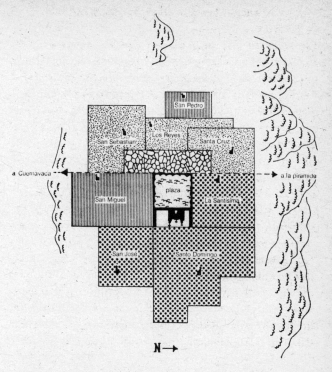

a Cuernavaca

San Pedro

San Sebastian

Los Reyes

Santa Cruz

a la piramide

San Miguel

plaza

La Santisima

San Jose

Santo Domingo

N →

TABLA 1 % POBLACIÓN DEDICADA A LA AGRICULTURA POR
BARRIOS (1944)

ALTO

MEDIO

BAJO

$\bar{X}$ = 66.15 %

S_x = 10.11 %

259

Las tablas 2 y 3 muestran la porción de agricultores que son comuneros y siembran con una tecnología de quema y roza (tlacololeros), por barrios. El *tlacolol*, sobre todo cuando es el único recurso del campesino (como lo que medimos en la tabla 3) era símbolo[20] de una economía doméstica de subsistencia y bastante pobre. Nuevamente vemos que son los barrios de arriba los que participan con más ahínco en el *tlacolol*. Los índices de la pobreza relativa de los tlacololeros (tabla 3) arrojan resultados más complejos: los barrios de Los Reyes y San Pedro (arriba) tienen muchos tlacololeros y muy pobres, La Santísima (abajo) tiene relativamente pocos también muy pobres, Santa Cruz y San Sebastián tienen grandes cantidades de tlacololeros que relativamente no son tan pobres, etcétera. No permitamos, sin embargo, que estos detalles oscurezcan la conclusión que buscábamos demostrar: los barrios de arriba son relativamente más campesinos y más tradicionales en su economía que los de abajo.

---

[20] El *tlacólol* es una forma de producción que está en vías de desaparecer en Tepoztlán. Informantes me dicen que esto se debe a la falta de terrenos comunales adecuados, al arduo trabajo implícito en el *tlacolol*, problemas de transporte para llegar a las parcelas, mejores oportunidades en trabajos no agrícolas, etc. Desde luego que estos cambios afectan a la estructura ritual y simbólica que aquí nos ocupa. Las evoluciones del carnaval en relación a los cambios en la economía de las últimas décadas será discutido en la última sección de este capítulo.

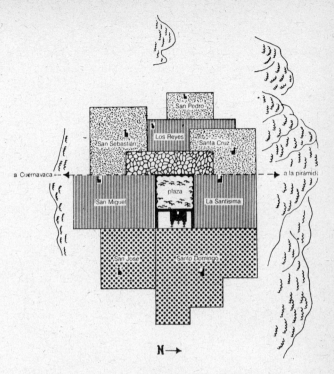

N→

TABLA 2 % TLACOLOLEROS POR BARRIO (1944)

▢ ALTO

▮ MEDIO

▢ BAJO

$\bar{X}$ = 22.14 %

S_x = 12.48 %

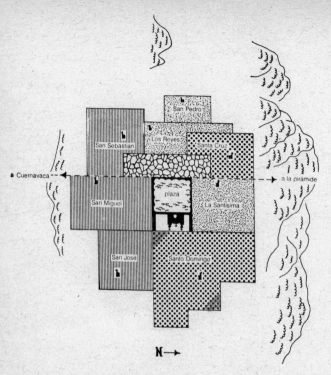

a Cuernavaca

a la pirámide

N→

TABLA 3 % TLACOLOLEROS QUE DEPENDEN EXCLUSIVAMENTE DEL
TLACOLOL (1944)

ALTO

MEDIO

BAJO

$\bar{X}$ = 50.8 %

Sx = 12.36%

TABLAS 4 Y 5: SOBRE PEQUEÑA PROPIEDAD

La tabla 4 nos muestra que los barrios de arriba, excepción hecha de San Sebastián (que parece ser un barrio muy pobre en todo sentido), tienen más propiedad privada que los de abajo. Sin embargo, la tabla 5 indica que las propiedades de los de arriba son en promedio más pequeñas que las de los barrios de abajo. Los barrios marcados "heterogéneos" en la tabla 6 son aquéllos en que se encuentran las mayores divisiones de clase, menor homogeneidad entre los integrantes (pues hay propietarios relativamente grandes), y más riqueza de algunos de sus miembros. Los barrios "homogéneos" son más clásicamente campesinos. Todos los barrios de abajo y Los Reyes son heterogéneos; Santa Cruz, San Sebastián y San Pedro son homogéneos.

TABLAS 6-8: EJIDATARIOS

Las tablas 6, 7 y 8 cubren el tercer tipo de tenencia que encontramos en Tepoztlán: el ejido. Las tablas 6 y 7 muestran que los ejidos están distribuidos entre barrios sin mucha relación con las líneas arriba/abajo, aunque es de notarse que relativamente muchos ejidatarios de arriba son además pequeños propietarios. La tabla 8 arroja datos de complemento importante para esta información ya que encontramos que los barrios de abajo suelen, nuevamente, tener sectores más grandes de ejidos que los de arriba. Ésta posiblemente sea la razón de que los de arriba necesiten complementar

263

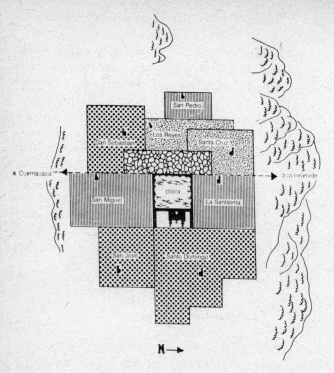

TABLA 4   % QUE TIENEN PEQUEÑA PROPIEDAD POR BARRIO (1944)

▨ ALTO

▥ MEDIO

▨ BAJO

$\bar{X}$ = 36.4 %

S_x = 10.14 %

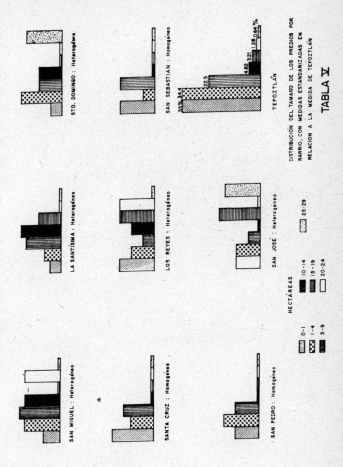

STO. DOMINGO : Heterogéneo

SAN SEBASTIAN : Homogéneo

35% 344

22.5

4.82 3.21 1.28 0.64 %

TEPOZTLÁN

DISTRIBUCIÓN DEL TAMAÑO DE LOS PREDIOS POR BARRIO, CON MEDIDAS ESTANDARIZADAS EN RELACIÓN A LA MEDIDA DE TEPOZTLÁN

TABLA V

LA SANTÍSIMA : Heterogéneo

LOS REYES : Heterogéneo

SAN JOSÉ : Heterogéneo

25-29

HECTÁREAS

10-14

15-19

20-24

0-1

1-4

5-9

SAN MIGUEL : Heterogéneo

SANTA CRUZ : Homogéneo

SAN PEDRO : Homogéneo

265

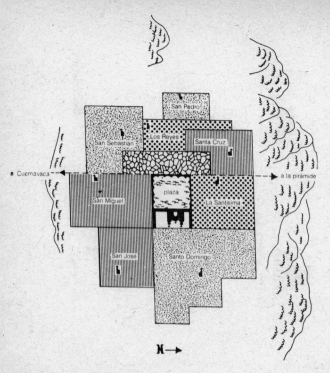

N →

TABLA 6   % QUE TIENEN EJIDO POR BARRIO

ALTO

MEDIO

BAJO

$\overline{X}$ = 31.3 %

Sx = 5.96 %

266

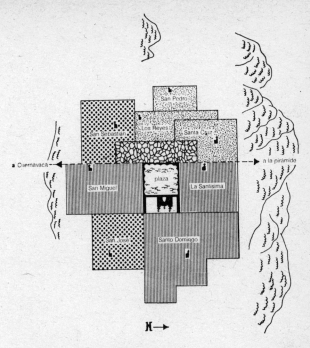

a Cuernavaca ←

a la pirámide →

San Pedro

San Sebastián

Los Reyes

Santa Cruz

plaza

San Miguel

La Santísima

San José

Santo Domingo

N →

TABLA 7 % DE LOS EJIDATARIOS QUE SON ADEMÁS PEQUEÑO PROPIETARIOS

▨ ALTO

▥ MEDIO

▨ BAJO

$\bar{X}$ = 41.7 %

Sx = 19.5 %

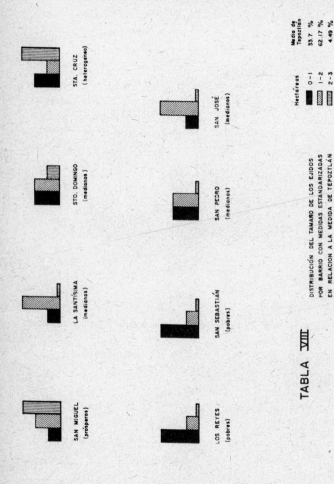

SAN MIGUEL (prósperos)   LA SANTÍSIMA (medianos)   STO. DOMINGO (medianos)   STA. CRUZ (heterogéneo)

LOS REYES (pobres)   SAN SEBASTIÁN (pobres)   SAN PEDRO (medianos)   SAN JOSÉ (medianos)

TABLA VIII

DISTRIBUCIÓN DEL TAMAÑO DE LOS EJIDOS
POR BARRIO CON MEDIDAS ESTANDARIZADAS
EN RELACIÓN A LA MEDIDA DE TEPOZTLÁN

Hectáreas		Media de Tepoztlán
■	0 - 1	33.7 %
▨	1 - 2	62.17 %
▦	2 - 3	4.49 %

268

el ejido con pequeña propiedad privada. Esto también contribuye a la idea de que San Sebastián es probablemente el barrio más pobre del pueblo, ya que no cuenta con propiedad suficiente para complementar a sus pequeños ejidos y trabajo en *tlacolol*.

Así, concluimos que los barrios de arriba son más campesinos, más pobres, y —con la excepción de Los Reyes— más homogéneos que los de abajo. Si a esto añadimos el hecho de que los comercios principales y una buena parte de los servicios están cerca de la plaza (abajo) y la diferencial de tamaño entre los tres barrios principales de abajo y todos los demás, resulta claro que son estos barrios los que tienen: 1) más contacto con los mercados internos y externos (porque son menos campesinos y relativamente más orientados hacia una agricultura capitalista), y 2) más bases, por su heterogeneidad, para la formación de grupos políticos organizados alrededor de una élite económica.

Sin embargo, el hecho de que haya bases para la formación de grupos políticos piramidales en los barrios de abajo no implica que éstos se formen necesariamente con relación a los barrios mismos. Es decir, se podrían formar estos grupos políticos basados en relaciones entre patrones y clientes sin referencia alguna a los barrios. Evidentemente, esto sí sucede en alguna medida: existen alianzas entre familias poderosas de distintos barrios; algunos agricultores o comerciantes tendrán relaciones especiales con trabajadores que no provienen de sus barrios, etcétera. Sin embargo, *sí existe* una fuerte base para la existencia de macrointereses *de barrio*, y esto lo podemos demostrar a través de un análisis del sistema de parentesco en el poblado.

Ya hemos hablado del sistema de parentesco durante la Colonia, donde la pertenencia a un barrio era hereditaria por línea paterna, y por lo tanto la residencia después del matrimonio era virilocal. Además hemos anotado que la tendencia a la endogamia de barrio habrá sido abrumadora y que los barrios eran grupos de intereses relativamente homogéneos, fuertemente consolidados por lazos de parentesco. Ahora bien, aunque la base legal y económica de este sistema desapareció con la Independencia, el sistema de matrimonio y parentesco se mantuvo por muchas razones: el alto estatus de la residencia virilocal (y el bajo estatus de la uxorilocal) responden a las ventajas relativas que significa mantener juntos a los hombres de uno de los minipatrilinajes (que, siguiendo la terminología de Olivera, llamaré "familias de barrio"). La cercanía física es un factor importante en la manutención activa de un grupo solidificado por el intercambio: si un campesino necesita ayuda barata en su milpa se la pedirá a un agnate cercano. Además de esto, con la residencia virilocal, las "familias de barrio" consiguen mujeres en posiciones subordinadas que hagan los trabajos menos atractivos de la casa.

Si es que, al contrario, es el hombre quien va a vivir a la casa de los padres de su esposa, éste entra a dicha casa en una posición relativamente subordinada. Su control sobre su esposa se ve amenazado, al tiempo que su dependencia respecto de los suegros y cuñados crece y sus lazos con su propia familia se debilitan. Así,

270

el ideal de una familia es mantener tanto a sus hijos (para mantener la fuerza del patrilinaje y traer nuevas mujeres subordinadas) como a sus hijas (para impedir que éstas sufran dicha subordinación y para adquirir clientela política a través de los ahijados dependientes).

Sin embargo, esta solución es posible únicamente para las familias relativamente ricas, que están dispuestas a que sus hijas se casen hacia abajo en la escala social (ya que de otra manera sus yernos rehusarían residir uxorilocalmente).[21] Para la mayor parte de las familias, entonces, la endogamia de barrio con residencia virilocal después del matrimonio es la solución ideal al problema; así se mantienen a los hijos y nueras en o cerca de casa y, al mismo tiempo, las hijas no quedan tan lejos ni física ni socialmente, de tal forma que su posición no es irremediablemente de una falta de poder absoluta.

Ésta es la lógica directa por, la que se ha mantenido el sistema de parentesco "tradicional" en Tepoztlán. Algunos efectos de este sistema sobre la estructura de poder moderna del poblado son que, en primer lugar, a mayor endogamia, mayor independencia social y mayor cohesión interna de cada barrio. A mayor exogamia de barrio, mayor interdependencia entre éstos y menor cohesión al interior de cada barrio individual. En segundo lugar, la capacidad de retener tanto hombres

[21] Esta tesis fue propuesta y desarrollada por L. Lomnitz y Pérez en relación a la organización social de la clase alta urbana de México; los resultados de esta investigación parecen ser aplicables también al caso de la clase campesina de Tepoztlán.

como mujeres en el barrio indica la existencia o inexistencia de "familias de barrio" especialmente fuertes y las relaciones de patronazgo o clientelismo frente a otros barrios.

A través del análisis de estos factores buscamos mostrar cuáles son los barrios socialmente más cohesivos e independientes. Esta información es la base para entender la rivalidad entre macrogrupos que se expresa ritualmente en el carnaval.

TABLA 9: ÍNDICE DE ENDOGAMIA POR BARRIOS

La tabla 9 es un buen indicador de cuáles barrios son relativamente independientes y cuáles son dependientes. Al analizar esta tabla debemos de tomar en cuenta que los miembros de barrios de arriba se tienden a casar entre sí y no con los de abajo, y viceversa.[22] Esto se comprende bien después de los datos económicos que han sido presentados. Por esto analizaremos primero la estructura que encontramos entre los de abajo y des-

---

[22] Desafortunadamente, Lewis no publicó el material que sustenta en detalle esta noción (aunque sabemos que disponía de él). Únicamente sabemos que "podemos ver en la tabla 15 (falso) que la mayor parte de los matrimonios entre barrios son entre los grandes barrios adyacentes del centro, a saber, Santo Domingo, San Miguel y La Santísima. La tabla también enseña (falso) que individuos de los pequeños barrios de San Pedro, Los Reyes y San Sebastián, se casan muy poco con individuos de los barrios grandes" (p. 78). Nash y Hunt agregan que un 50% de los matrimonios exogámicos son con individuos de los barrios adyacentes.

pués la de los barrios de arriba: San Miguel y Santo Domingo (los rivales tradicionales en las comparsas) son en éste y en casi todos los sentidos extremadamente parecidos. Ambos tienen muy altos índices de endogamia y son, por implicación, altamente independientes. Por otra parte, el barrio de La Santísima (que también tiene una comparsa pero que no participa de la rivalidad ancestral que separa a los otros dos barrios)[23] tiene índices muy bajos de endogamia. Por implicación es un barrio menos cohesivo a su interior y más entretejido con otros barrios. Es válido inferir que La Santísima está más interrelacionada tanto con Santo Domingo como con San Miguel de lo que estos dos barrios lo están entre sí. El barrio nuevo de San José, que es muy pequeño, es altamente dependiente socialmente, pues es totalmente exogámico. Como veremos más adelante, esto ayuda mucho a aclarar el problema del nacimiento de este barrio.

Los barrios de arriba funcionan enteramente con otros principios: en primer lugar, a diferencia de los casos de los tres barrios principales de abajo, los barrios de arriba son pequeños. Esto hace más difícil un patrón de endogamia y más conveniente un sistema de rotación de mujeres (y de algunos hombres) entre barrios. Como se trata de barrios altamente campesinos, un sistema de intercambio entre unidades domésticas campesinas mantiene la relativa independencia de éstas al mismo tiempo que solidifica los nexos entre

[23] Recordemos que La Santísima recién empezó a bailar en el carnaval a principios de este siglo —la rivalidad tradicional es entre las comparsas de San Miguel y Santo Domingo.

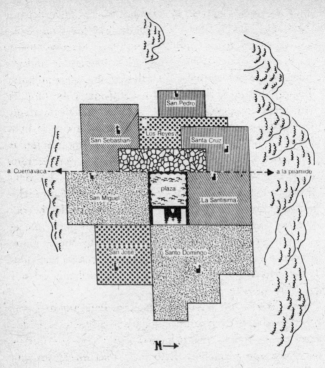

a Cuernavaca ← - - - - - - - - - - - - → a la pirámide

N →

TABLA 9 ÍNDICE DE ENDOGAMIA POR BARRIOS (1944)

ALTO

MEDIO

MEDIO-BAJO

BAJO

$\bar{X}$ = 40.8 %

Sx = 9.2 %

274

barrios campesinos. Así, el alto grado de exogamia de muchos de estos barrios nos demuestra la interdependencia entre los mismos. El barrio de Santa Cruz, que es el mayor de los de arriba y, al mismo tiempo, quizá el barrio con mayor proporción de campesinos minifundistas, es también el barrio de arriba más independiente. Esto coincide, por demás, con la concepción popular de este barrio que, según los tepoztecos, "se gobierna como una república". Es decir, en la percepción popular (y esto se corrobora a nivel de interrelaciones de parentesco) los barrios de San Sebastián, San Pedro y los Reyes están más identificados entre sí que con Santa Cruz.[24] El índice relativamente alto de endogamia en San Pedro es un fenómeno que no entiendo del todo, aunque quizá sea un efecto combinado del fuerte carácter indígena de este barrio y de las industrias domésticas, principalmente la producción del carbón, que lo caracterizan.

TABLA 10: EXOGAMIA BARRIO/ENDOGAMIA PUEBLO

La tabla 10 reconfirma las proposiciones derivadas de la 9: Santo Domingo y San Miguel tienen pocas inter-

[24] Es relevante aquí recordar que muchos se refieren a los barrios pobres de San Pedro, Los Reyes y San Sebastián como "indios" (Lewis, p. 53) y que estos tres barrios son conocidos como muy cooperativos para el trabajo comunal y dejados en el cuidado de sus capillas (*Ibid.*, p. 163); en cambio, Santa Cruz es conocido por el cuidado que le brinda a su capilla (p. 111).

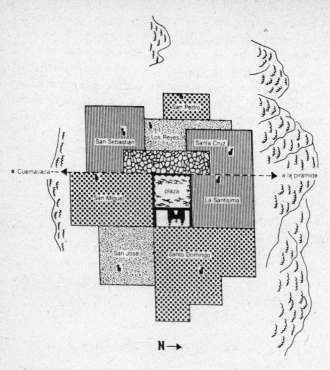

N→

TABLA 10   % EXOGAMIA DE BARRIO Y ENDOGAMIA PUEBLO

▨ ALTO

▦ MEDIO

▩ BAJO

$\bar{X}$ = 47.51 %

S_x = 13.87 %

276

conexiones con otros barrios. Este es también el caso de San Pedro, que parece tener preferencia por matrimonios con personas de otros pueblos (quizá más pobres y más indígenas que la medía de Tepoztlán).

San Sebastián, Santa Cruz y La Santísima guardan más relaciones con otros barrios y, nuevamente, San José y Los Reyes son los más interconectados con otros barrios. En esta figura excluí los matrimonios con personas de afuera del pueblo ya que aquí se trata de delimitar la relación *entre barrios*.[25]

Tabla 11: porcentaje de la población femenina que se casa fuera del pueblo y tabla 12

En la tabla 11 se observa que, al igual que en las otras dos tablas, San Miguel y Santo Domingo se asemejan mucho. Esta vez en cuanto a que muchos barrios retienen a sus mujeres en un grado sumamente alto. Esta vez, eso sí, La Santísima también se comporta de una forma parecida (aunque en menor grado) reflejando, según nuestras hipótesis, el hecho de que también es éste un barrio rico y poderoso con importantes "familias de barrio". San José y Los Reyes son, nuevamente, muy dependientes en cuanto a que no retienen a sus mujeres; así como en menor grado lo son San Sebastián y Santa Cruz. San Pedro es, de nuevo, la

[25] El efecto de traer extranjeros es múltiple: por una parte, es traer gente sin parientes que los ayuden —o sea relativamente débiles. Por otra, puede haber relaciones de intercambio continuo entre dos pueblos y esto atenuaría el efecto anterior.

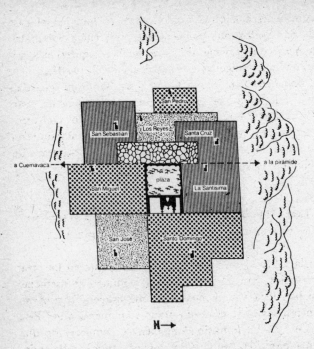

N→

TABLA 11   % DE LA POBLACIÓN FEMENINA QUE SE CASA FUERA DE SU BARRIO

▨ ALTO

▮ MEDIO

▨ BAJO

$\bar{X}$ = 38.43 %

S_x = 11.25 %

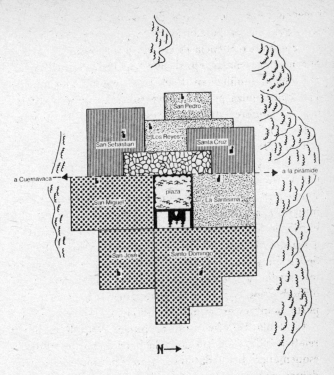

N →

TABLA 12 % DE LA POBLACIÓN MASCULINA QUE SE CASA FUERA DE
SU BARRIO

ALTO

MEDIO

BAJO

$\bar{X}$ = 12.37 %

Sx = 4.05 %

excepción entre los barrios de arriba ya que es el barrio que en proporción guarda más mujeres en el pueblo. Esta tendencia es curiosa y mis datos no la explican; cabe señalar, eso sí, que San Pedro era el barrio con menos familias en 1944 (un total de únicamente 11) y que quizá por esto haya sido más atractivo para que un hombre estableciera residencia uxorilocalmente.

La tabla 12 completa el rompecabezas: San Miguel y Santo Domingo pierden, en general, muy poca gente. Son barrios que atraen personas de afuera por su poder y riqueza. La Santísima, que es el barrio que, suponemos, más se casa con estos dos, tiene a menos mujeres y a muchos menos hombres que estos dos. El barrio de San José es un proveedor natural de mujeres a sus dos vecinos: Santo Domingo y San Miguel. San Sebastián y Santa Cruz se mantienen en su posición intermedia, y Los Reyes en la extrema dependencia con otros barrios. San Pedro, curiosamente exporta e importa hombres en grandes cantidades.

La tabla 13 ofrece un propuesto *continuum* de la relativa independencia de cada barrio, con un enlistado esquemático de cada uno. Con este material queda demostrado que los barrios constituyen grupos de intereses hilvanados a través del parentescco. Los barrios de Santo Domingo, San Miguel y Santa Cruz son grupos de intereses relativamente independientes, mientras que San José y La Santísima mantienen muchos lazos con los de abajo. San Sebastián, Los Reyes y San Pedro constituyen un bloque de intercambios maritales.

Así, el carnaval, interpretado por Bock como una manifestación más del sistema simbólico-cognitivo de

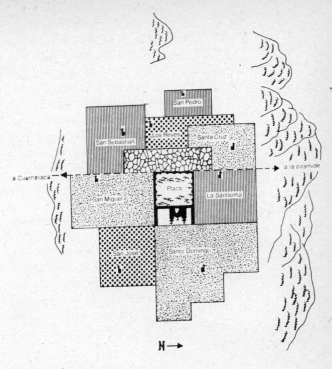

a Cuernavaca ←

→ a la piramide

N →

TABLA 13   ÍNDICE DE RELATIVA INDEPENDENCIA DE CADA BARRIO

[ ] ALTAMENTE INDEPENDIENTE

[ ] MEDIANAMENTE INDEPENDIENTE

[ ] POCA INDEPENDIENTE

281

Tepoztlán, es en realidad una expresión ritual del conflicto y la competencia política entre los tres barrios principales del pueblo, pues ha sido de entre estos tres barrios que han salido la mayor parte de las autoridades políticas del pueblo, y el resultado de una elección no es indiferente para los integrantes de estos tres barrios ya que cada uno tiene una red de parentesco relativamente independiente. Según un expresidente municipal, siempre que se escoge un ayuntamiento se tiene cuidado de equilibrar el número de puestos que le toca a cada barrio, los más importantes siendo en general para los barrios de abajo.

Hemos desglosado todo el sistema simbólico descrito por Bock en tres partes que, opinamos, responden a distintos aspectos de la estructura de poder: las manifestaciones de individualidad de cada barrio (expresadas en las fiestas de los barrios, y los motes de animales), la competencia política entre barrios de abajo (expresada en el carnaval), y la separación entre arriba y abajo. Falta por arraigar este último aspecto en la estructura de poder.

Con base en el material sobre tenencia y sobre parentesco es fácil concluir que los barrios de arriba son más parecidos entre sí que con respecto a los barrios grandes de abajo: los de arriba son más homogéneos que los de abajo, son también más característicamente campesinos. Los de abajo han tenido, históricamente, mucho más contacto con el mundo urbano del comercio y la política. Estos barrios son, por demás, donde tradicionalmente han existido las familias pudientes de comerciantes y agricultores.

282

También resulta evidente que hay una relativamente fuerte solidaridad entre los barrios de arriba (reforzada no sólo por las semejanzas entre éstos, sino por las relaciones de matrimonio) y muy pocas bases para una solidaridad entre barrios de arriba y barrios de abajo. Propongo que la diferenciación arriba/abajo en el esquema simbólicoespacial de Tepoztlán responde no sólo a las necesidades de orden y de esquemas cósmicos locales, sino también a una lucha para arrebatar el poder a los grupos de patrón-cliente formados en los barrios de abajo.

En efecto, resulta claro que: 1) los barrios relativamente homogéneos en términos de su composición de clase tengan una mayor debilidad organizativa que los que se pueden organizar en torno a familias con alto poder de compra; 2) los intereses políticamente expresables de los barrios de arriba son, por lo mismo, muy distintos a los de abajo;[26] 3) por el tamaño relativamente pequeño de los barrios de arriba, una política "campesinista" con repercusiones a nivel pueblo puesta en práctica considerando a estos barrios *individualmente* sería imposible; 4) existen lazos creados por intereses comunes y relaciones de parentesco para que los cuatro

[26] Estas diferencias se han mencionado, aunque no explorado a fondo, frecuentemente en la etnografía mesoamericana. Friedlander, por ejemplo, habla de las diferencias entre los que llama "progresistas" y "conservadores" y menciona, sin explorar las bases profundas de este hecho, que estas diferencias tienen una expresión espacial en la dicotomía centro/periferia. La misma situación la encontramos en otros pueblos de Morelos (ver, por ejemplo, López, M. 1974) y de Mesoamérica en general.

barrios de arriba formen un bloque político que rete a la hegemonía de las clases dominantes locales y su clientela en los tres barrios de abajo.

La formación en los barrios de arriba de un grupo político organizado, con una ideología "campesinista" se dio en la turbulenta década de los veinte cuando se formó la Unión de Campesinos Tepoztecos. Las luchas entre este grupo y el de "los caciques" tuvo como expresiones espaciales tanto la oposición entre "los de arriba" y "los de abajo" como entre "los del centro" y los de las periferias. Incluso es posible que la actual división entre "los de arriba" y "los de abajo" se haya originado en esta lucha política.[27]

Los miembros de la Unión Campesina de Tepoztecos (llamados "bolcheviques" por sus opositores) tenían como programa político el defender las tierras comunales, la no explotación de los bosques, y revivir el trabajo comunal para efectuar obras de mejora para la comunidad. Su lema político era "abajo los caciques".

La oposición a los "bolcheviques" tenía como bandera la explotación comercial de los bosques, y la defensa de los individuos contra las arbitrariedades de los caudillos revolucionarios locales.

Los "bolcheviques" llamaban a este grupo "los centrales", referencia no a su tendencia política sino a su situación física dentro del pueblo; resulta clara la infe-

[27] No sabemos a partir de cuándo se formaron estas divisiones, aunque sospecho que haya sido durante el transcurso del siglo XIX. Ciertamente, mis informantes concuerdan en que esta división fue políticamente más significativa en el periodo 1920-1940.

rencia de que los "bolcheviques" intentaban subrayar una diferencia *de clase* entre los dos grupos, expresando la oposición entre ricos y pobres en términos espaciales ("nosotros los pobres de las periferias en contra de ustedes los ricos del centro"). Al escoger el apodo de los "centrales" y no, por ejemplo, el de "los de abajo", los "bolcheviques" intentaban unir a todos los campesinos (inclusive los de abajo) en contra de los comerciantes, agricultores ricos, agiotistas. Es decir que trataban de eliminar los lazos de apoyo entre los caciques y sus clientes en los barrios de abajo.

En un principio, esta política funcionó: la debilidad económica de los caciques y su falta de contacto con los nuevos grupos de poder en el estado (gobernador, ejército, etcétera) hacía que disminunyera el atractivo de aliarse con este grupo. Así, los "bolcheviques" mantuvieron control sobre la presidencia de 1922 a 1928. Sin embargo, cuando se fue estabilizando la situación económica, y la posición anarcocampesinista de los "bolcheviques" iba mostrando su falta de viabilidad,[28] los caciques fueron rearmando sus grupos de poder —presumiblemente con base en sus redes en los barrios de abajo— y fueron recuperando su dominio sobre el poblado. Esto hizo que la división geopolíticamente significativa ya no fuera, como idealmente hubieran que-

[28] Por una parte, la pobreza en los años posrevolucionarios hacía muy atractiva para muchos la explotación en grande de los bosques; por otra parte, los gobiernos federales y estatales, al ir consolidando su poder, buscaban romper con las autonomías y los caudillismos locales, favoreciendo un desarrollo e integración capitalista entre las regiones y pueblos.

rido los "bolcheviques", centro versus periferia, sino que necesariamente se tornó en una división entre los de arriba y los de abajo. Los caciques carecían de redes sociales que incorporaran a sus filas a los barrios de arriba —pero mantenían fuertes lazos al interior de sus barrios— evitando así un enfrentamiento estrictamente entre clases.

Los campesinistas después de su derrota en 1928 (cuando los Hernández fueron declarados prófugos de la ley y el grupo perdió el apoyo del estado) se desbandaron temporalmente, pero volvieron a constituirse en bloque político bajo el nombre de Unión Fraternal de Campesinos Tepoztecos; identificados exclusivamente con los de arriba. En la época en que esta política estaba muy viva en el seno del pueblo, mis informantes cuentan que la gente de abajo no podía andar arriba porque eran apedreados; los barrios de arriba tenían una organización política que mantenía (y mantiene) en jaque a la presidencia municipal; el rencor entre los de arriba y los de abajo era muy grande. Está claro, entonces, que la división arriba/abajo, como el carnaval y la fiesta del barrio, no son meras expresiones de una cosmología, cada división responde y/o respondió a aspectos específicos de la política y la estructura de poder en Tepoztlán.

TENDENCIAS MODERNAS

Nuestro material sobre los cambios en la estructura de poder tepozteca nos indica que ha habido transforma-

286

ciones de extrema importancia en la economía de la comunidad en las últimas décadas. Estos cambios llevan cada vez más agudamente a una oposición entre el decreciente (pero aún fuerte) grupo "tradicional campesinista" y la tendencia cada vez mayor a la urbanización, a ocupaciones en los sectores secundarios y terciarios, y a la agricultura comercial.[29] Estos cambios han tenido, como es de suponerse, efectos importantes en la distribución espacial del poder y, por tanto, se ha modificado y recombinado el sistema simbólicoespacial que hemos venido describiendo.

En primer lugar, y esto ya lo apuntaba Lewis, la tendencia ha sido que las distinciones entre barrios de arriba y de abajo disminuyeran: hoy en día cada barrio tiene algunos comercios, algunos ricos y otros pobres. Se ha ido rompiendo con la homogeneidad de los barrios de arriba. Esto tiene implicaciones profundas para el sistema simbólico. La posición tradicionalista ya no puede enfrentar los barrios de arriba como a un bloque políticamente homogéneo y, por lo tanto, gran parte de las bases para la diferenciación arriba/abajo han desaparecido. Hoy en día, la posición tradicionalista está rápidamente dejando de tener una expresión espacial unificada: todos los tepoztecos descontentos con el proceso de desarrollo capitalista y urbano que ha sufrido el pueblo mantienen esta posición; pero dichos tepoztecos tienen cada vez menos un territorio propio.

Esto no significa, sin embargo, que la dimensión es-

[29] Para un estudio en mayor detalle de los cambios en la agricultura tepozteca de 1930-1964 véase: Ávila (1969).

pacial y, específicamente el barrio, esté desapareciendo de la política en Tepoztlán. La formación del barrio de San José (1968), que Bock interpretó como una revitalización de los esquemas tradicionales en Tepoztlán representa, además de esto, la reformulación de los macrogrupos de intereses que anteriormente existían únicamente entre los barrios de San Migual, Santo Domingo y La Santísima. Esta reformulación está, de nuevo, expresada en el carnaval, y se ve claramente en el proceso de la formación del nuevo barrio, tal y como es descrito por Bock.

La sección del barrio de Santa Cruz que se convirtió en San José tenía, como ya hemos visto, nexos sociales fuertes con San Miguel y Santo Domingo. Bock nos dice que existía una fuerte competencia entre estos dos barrios por el control del primero (no nos explica el porqué de esta competencia. Al final ganó Santo Domingo, ya que miembros de este barrio apoyaron financieramente la formación del nuevo. Tras de haberse convertido en barrio, San José adoptó el mote de la rana (que es el de Santo Domingo) y se incorporó a la comparsa de dicho barrio.

Asimismo, el barrio de San Sebastián ahora danza con San Miguel, y Santa Cruz, Los Reyes y San Pedro bailan con La Santísima, es decir, los barrios pequeños se han aliado con los barrios grandes a los que son adyacentes (o más cercanos). Esto indica, con toda probabilidad, que los lazos de matrimonio se tienden a establecer con barrios limítrofes.

La tendencia a la heterogeneización de los barrios de arriba ha ido rompiendo el círculo cerrado de inter-

288

cambios matrimoniales entre estos barrios, pero la tendencia a casarse con gente geográficamente cercana (y las causas de esta tendencia) se han mantenido. Así, propongo que el pueblo tiende a integrarse en tres macrobloques, cada uno de los cuales está compuesto por de un barrio grande, aliado con uno o más barrios pequeños vecinos .

Es evidente que entre más grandes son estos bloques, menor la solidaridad interna, o sea que en cierto sentido la dimensión espacial de la política tepozteca está disminuyendo en importancia. Sin embargo, las bases para tal política se mantienen y siguen siendo significativas. Esto fue evidente en la competencia entre Santo Domingo y San Miguel por el control sobre San José.

Conclusiones

El sistema simbolicoespacial en Tepoztlán puede ser relacionado con la cosmovisión de la comunidad campesina como un todo. Dicho sistema representa en términos espaciales contradicciones profundas y recurrentes en la comunidad desde por lo menos la época colonial, y hay evidencia convincente de que data a la era precolombina. Tales son, por ejemplo, las contradicciones entre ricos y pobres, arado y *tlacolol,* "gente de razón" y "naturales", y cultura y natura. Sin embargo, el simbolismo espacial no puede ser estudiado *únicamente* como producto de la necesidad humana de clasificar; tampoco es un resultado exclusivo de la necesidad de reafirmar los valores tradicionales de la comunidad.

El sistema simbólico espacial tiene que ser entendido, antes que nada, en relación a la *distribución espacial del poder,* pues las relaciones sociales son las causas inmediatas del uso de categorías que separan y unen ideológicamente a la gente. Al buscar las bases sociológicas del sistema en cuestión, nos hemos tenido que remontar a otros periodos hstóricos, ya que los distintos aspectos del sistema simbólico han ido cambiando en importancia y en sentido. El análisis sincrónico de este sistema es engañoso porque percibe a todos los aspectos como partes igualmente importantes y vitales del sistema, y esto distorsiona la relación que guardan entre sí dichos aspectos: en el análisis de Bock, por ejemplo, las fiestas de los barrios, los motes animales, y el carnaval quedan todos subordinados a la oposición arriba/abajo.

Hemos demostrado que existen bases sociológicas distintas para cada uno de los rituales relacionados con unidades territoriales en Tepoztlán. También ha quedado claro que han habido transformaciones tanto en los rituales como en las bases sociológicas que los mantienen. El afán de simetría necesario en el análisis sincrónico a la manera de Lévi-Strauss acaba por oscurecer el sentido sociológico de que están impresos los símbolos, y este es el punto teórico principal de este capítulo.

Cabe notar, a forma de epílogo, que los símbolos que carecen de vitalidad sociológica normalmente pueden ser resucitados después de largos periodos para enarbolar otros significados (frecuentemente análogos al original) en otras situaciones. Esto es lo que permite que el análisis de Lévi-Strauss tenga algún sentido (aunque sea un sentido distorsionado); buscar los símbolos que se han mantenido siempre en oposición (sospecho, por ejemplo, que es el caso de la oposición cerro/agua, ricos/pobres y centro/periferia) es una tarea de gran importancia una vez que se haya establecido el sentido sociológico específico de cada manifestación ritual o simbólica. Combinar estas dos tareas iluminaría tanto la historia social específica del pueblo, como algunas problemáticas constantes al interior de uno (o más) modos de producción.

V. CULTURA POLÍTICA, PASIVIDAD Y CORRUPCIÓN

HEMOS reseñado cómo evolucionó la estructura de poder en Tepoztlán a través de su historia; en esta evolución vimos cómo con el enriquecimiento del pueblo y la industrialización del país, los niveles de las jerarquías políticas y económicas donde se concentra el poder social han superado al de la comunidad y han pasado a niveles cada vez más altos. Exploramos la naturaleza de los grupos políticos locales, y la forma en que la estructura del sistema regional afecta las disyuntivas de la comunidad e incluso *lo que es* la comunidad misma. Estas consideraciones nos han permitido reinterpretar de una nueva manera los resultados de estudios antropológicos previos que ignoraban tanto la historia del poder en Tepoztlán como la naturaleza del sistema espacial y temporal del que ha formado parte.

Sin embargo, hay varias preguntas de gran profundidad sobre las *actitudes* políticas en Tepoztlán y sobre la cultura y la simbología política que aparecen y reaparecen en las descripciones y que no hemos confrontado. Algunas de estas preguntas son: ¿por qué se registra el tipo de actividad política "pasiva" en el campesinado tepozteco? y, por otra parte, ¿por qué se registra una tradición de violencia política? ¿Cuál es la concepción de los tepoztecos de lo que es la política? ¿A qué factores responden instituciones como la corrupción política? Todas estas cuestiones se relacionan con la historia del poder en Tepoztlán y con la relación que guarda la comunidad con el sistema político mayor.

En general diversas personas han contestado este tipo de preguntas de una forma superficial; sea con explicaciones de "tradiciones culturales" sin fundamento en el poder social, sea basándose en la psicología social —ignorando el análisis del poder social, o sea con vastas generalizaciones de poco valor analítico como que la cultura política es un resultado directo de la sociedad capitalista dependiente en que existe. Sin embargo, ninguna de estas posturas es satisfactoria; en caso de que exista una tradición cultural de corrupción, por ejemplo, ¿qué factores estructurales inhiben o estimulan su propagación? ¿Qué factores sociológicos provocan que un campesino con un grado de conciencia política relativamente alto tome actitudes políticas pasivas?

En caso de que los tepoztecos sean pasivos políticamente porque las madres tepoztecas amarran a sus hijos cuando son bebés y no les permiten explorar activamente sus alrededores (como podría haber afirmado Lewis), ¿cómo explicar la pasividad política sistemática de ciertas clases de individuos y el activismo de ciertas otras? Por último, en caso de que la pasividad política sea un resultado de la alienación que produce un modo de producción capitalista en el campesinado y que sea el resultado del poder opresivo del Estado burgués, ¿por qué hay tanta variación en las actitudes políticas de los distintos pueblos campesinos del mundo capitalista? Ayudar a solucionar estas preguntas es contribuir no

293

sólo a un mejoramiento del análisis teórico sobre estos problemas, sino que también puede ayudar a mejorar la participación política del tepozteco (y de gente en posiciones análogas), permitiéndole adquirir un mayor control sobre su vida política y sobre los cambios sociales que ambiciona.

La corrupción como expresión simbólica de conflictos

Una de las pocas constantes a través de toda la historia moderna de Tepoztlán es el uso continuo de acusaciones de corrupción para atacar al enemigo político. Creo, después de numerosas entrevistas a distintos políticos, que no hay ningún tepozteco vivo que haya actuado en la política local sin ser acusado por un bando u otro de corrupción. En mi opinión, el fenómeno de las acusaciones de corrupción al igual que otros aspectos de la cultura política local oscurece las verdaderas raíces del conflicto entre distintas facciones en el pueblo, y refuerza estereotipos sobre la naturaleza de "lo político" que conducen a la neutralización política.

Cabe distinguir entre dos aspectos del problema de la corrupción en Tepoztlán; no es lo mismo analizar el fenómeno de la corrupción en sí misma que el de las *acusaciones* de corrupción que corren en todo momento. Por un lado, creo que la corrupción en sí es un fenómeno endógeno a la política municipal ya que se trata de un lubricante prácticamente indispensable para el funcionamiento del sistema. Por otra parte, las acusaciones de corrupción son un lenguaje en que se frasean antagonismos políticos o personales. Analicemos primero el caso de los comisarios ejidales.

El comisario ejidal es un personaje que hasta 1974 tenía la jurisdicción sobre el ejido y la tierra comunal del municipio; tiene como subordinados a un representante de bienes comunales por cada uno de los pueblos del municipio, y por su superior al delegado agrario en Cuernavaca. El comisario es un empleado que no recibe sueldo alguno por desempeñar sus funciones, sin embargo, tiene una cantidad considerable de gastos que no están contabilizados en forma ordenada: tiene que viajar a Cuernavaca y a México y hacer filas en oficinas burocráticas, tiene que comer mientras no trabaja en su milpa (o fábrica). Las formas concretas en que el comisario se costea sus gastos son dejadas a la discreción del mismo, de tal forma que su manejo de los fondos municipales siempre puede ser censurado.

El segundo problema con que se topa el comisario es mucho más serio: una de sus funciones más importantes es otorgar y/o legalizar la tenencia de parcelas comunales y ejidales. Estos bienes siempre han sido escasos en el pueblo y hay gran competencia por el acceso a estas parcelas (que hoy en día son casi en su totalidad para construir casas); ¿a quién decide el comisario darle una parcela? Esta pregunta en general se resuelve en una de dos formas, o se da la parcela al mejor postor o se la da al mejor amigo. Evidentemente, ambas de estas soluciones son corruptas. En tercer lugar, está el factor del superior del comisario, sea el delegado o el promotor agrario que, haciendo el

mismo razonamiento que acabamos de esbozar, se siente
con derecho a exigirle al comisario su colaboración en
algunos chanchullos. Si a esto sumamos que, según
me contó con amplios detalles un excomisario, cada ida
a la delegación agraria implica pequeñas "mordidas"
(de cincuenta o de cien pesos hace algunos años) para
no tener que pudrirse haciendo filas, nos encontramos
con que hay una verdadera presión en la estructuración
del sistema para ser corrupto.

Ahora bien, además de estas pequeñas corrupciones
cotidianas, sin las cuales un comisario no puede sobrevivir, están todas las que corren por cuenta propia.

Ha habido comisarios verdaderamente insaciables en
su deseo de vender todas las parcelas posibles, al grado
que han repartido hasta caminos necesarios para llegar
a ciertos campos de cultivo. Otro tipo de corrupción
muy importante está en la legalización de terrenos
comunales para que aparezcan como propiedades particulares; se dice que ha habido algunos que han certi-
ficado, muchas veces en mancuerna con el presidente
municipal y la receptoría de rentas, ciertas propiedades comunales como pequeñas propiedades, algunas de
las cuales se han vendido a turistas. En resumen, es
prácticamente imposible ser comisario ejidal sin caer
en algún grado de corrupción; hay muchas instancias en
donde gracias a la estructura burocrática y legal exis-
tente el comisario *tiene* que ser corrupto. A esta corrupción que podríamos llamar estructural se agrega
muchas veces el verdadero abuso del cargo; me parece
importante notar lo fácil que debe ser pasar de parti-

cipar únicamente en la corrupción más indispensable a la más beneficiosa para el comisario.

Los puestos en la presidencia municipal: regidor, síndico, presidente, secretario, juez menor y tesorero también están en situaciones semejantes, aunque en general no tan críticas como la de comisariado ejidal. El presidente municipal y su comitiva necesitan para poder lograr cualquier cosa en el ayuntamiento hacer invitaciones y pequeños favores a sus aliados políticos. Un expresidente me explicaba la importancia que tenía el poder de eximir a alguien de pagar las cuotas del registro civil, hacer invitaciones a restaurantes y cantinas a políticos locales y de Cuernavaca, etcétera. Es muy probable que, hasta hace muy poco, un alto porcentaje del ingreso total del municipio se haya gastado en este tipo de acciones políticas que también técnicamente son corruptas. Cualquier ciudadano puede legítimamente atacar a un presidente municipal de "usar el dinero de los impuestos para emborracharse con sus amigos". Además de ésta y otras formas de corrupción estructuralmente dadas, están todas las posibilidades de hacerse rico con que se topa un presidente o un regidor, y todos los miembros de ayuntamientos que he entrevistado parecen estar de acuerdo en que son muchas.

La corrupción en pequeña o en gran escala es endémica a la política local; entonces ¿qué papel juegan en la política municipal las *acusaciones* de corrupción? Los antropólogos han discutido el papel de las acusaciones de brujería entre los pueblos "primitivos": la conclusión general es que tales acusaciones se dan muy frecuentemente entre actores sociales que tienen contradicciones estructurales subyacentes entre sí. De esta manera, por ejemplo, entre los ndembu las acusaciones de brujería y hechicería se daban especialmente entre tíos maternos y sobrinos, por la relación inherentemente conflictiva que existía entre éstos debido al sistema de parentesco y de residencia. De una manera similar, las acusaciones de corrupción en Tepoztlán generalmente encubren las contradicciones políticas profundas entre el acusador y el acusado. Una persona normalmente no acusa a un comisario compadre, del mismo bando político y/o que lo ayudó a conseguir un terreno; en cambio siempre puede acusar a un adversario de ser corrupto. En las luchas políticas de Tepoztlán las acusaciones de corrupción constituyen un arma de extrema importancia: recientemente un presidente municipal con sus estrechos colaboradores en el gobierno del estado lograron desbancar a un representante de bienes comunales, que era archienemigo político del presidente, moviendo acusaciones de corrupción desde las bases del representante.

Es muy importante notar que la gran mayoría de las acusaciones se lanzan a un nivel informal y de chisme; rara vez una acusación se complementa con una auditoría abierta al público. Esto se debe a factores como que si se hacen muchas auditorías resulta que todo el mundo es culpable; segundo, los políticos que están en capacidad de pedir dichas auditorías son conscientes de lo anterior y temen que ellos mismos sean acusados aunque en realidad no hayan cometido más ilegalidades que las estrictamente necesarias; tercero, las acusaciones de corrupción casi nunca se formulan sin un motivo político ajeno a la acusación misma, sobre todo cuando se hace entre políticos. Así, una de las manifestaciones más claras de política cotidiana (las acusaciones de corrupción) resulta ser, por encima de muchas cosas, un lenguaje en que se frasean contradicciones entre actores políticos; frecuentemente la acusación de corrupción es una forma de ocultar los verdaderos motivos del antagonismo entre grupos políticos.

Este doble aspecto de la corrupción como, por un lado, endémica al sistema político mismo y, por otro, como una forma socialmente aceptada de atacar contrincantes políticos, afecta profundamente a la participación de los tepoztecos en su vida política, ya que implica que nadie puede ocupar un puesto formal sin que su reputación de honestidad peligre. Este es un factor importante dentro de la consideración más general de este capítulo que es: ¿por qué hay una falta de activismo político cotidiano en Tepoztlán?

ACTITUDES POLÍTICAS: EL PROBLEMA

Los problemas a tratar en esta sección son: 1) ¿cómo explicar la pasividad campesina como la actitud política dominante? y 2) ¿cuál es la visión de la política que tienen los tepoztecos?

Yo sostengo que estas preguntas tienen que ser resueltas en el contexto de: 1) el papel del estado (en sus distintos niveles) en la comunidad; 2) la naturaleza del Estado mexicano, y 3) tradiciones culturales que permiten absorber los efectos de estos dos puntos en un sistema clasificatorio que los vuelve coherentes y estimula cierto tipo de actitudes políticas.

En primer lugar, es necesario una definición del problema. ¿No es acaso verdad que la historia tepozteca moderna está llena de luchas políticas encarnizadas? ¿Qué es lo que quiero decir cuando llamo "pasivas" a las actitudes políticas de los tepoztecos? ¿Cuáles tepoztecos son pasivos y cuáles son políticamente activos?

La mayor parte del tiempo los campesinos en Tepoztlán rehusan participar en actividades que sean *formalmente* políticas. La actividad política de clase más cotidiana del campesinado tepozteco es una de "resistencia pasiva" a los programas de los grupos políticos formales; es decir que, como tantos campesinos en el mundo, sus actitudes cotidianas se limitan a un escepticismo total sobre las intenciones proclamadas tanto del gobierno como de otros grupos abiertamente políticos. Sin embargo, este escepticismo *no lleva* en general a una actividad política organizada orientada hacia alteraciones del sistema social.

Si pensamos en el tipo de participación política que tienen la mayoría de los tepoztecos creo que sería caracterizable como esencialmente pasiva la mayor parte del tiempo, y explosiva en ciertas coyunturas especiales.

La mayoría de las acciones políticas masivas del pueblo son cortas irrupciones violentas de desafío, con metas centradas en la resolución de problemas concretos. Algún evento específico que colma la paciencia de la gente la lleva a tomar el palacio municipal, amenazar al presidente, o impedir la entrada a algún grupo; sin embargo, la acción política *cotidiana* orientada hacia

300

mejoras *sistémico* es muy rara y difícil de organizar. ¿Qué es lo que incapacita a la acción política cotidiana orientada hacia la mejora total de la comunidad o del sistema social en general? ¿Qué es lo que hace que la comunidad irrumpa en cortos y concentrados procesos de politización violenta centrada sobre metas concretas? Para contestar estas preguntas es indispensable entender el papel que juegan la presidencia municipal en el pueblo, así como el sistema de poder del estado mexicano en que opera.

En primer lugar, todo parecería indicar que el gobierno estatal desea que el gobierno local sea débil y dependiente. Los presupuestos municipales aprobados son tan pequeños que el municipio no tiene la base financiera como para emprender alguna acción independiente; además, desde la década de los cincuenta el PRI (controlado desde Cuernavaca) ha tendido a apoyar candidatos impopulares, lo que implica que muchos de los presidentes municipales entran a sus puestos sin bases de apoyo populares, respaldando así su dependencia del gobernador u otros mediadores de alto nivel.

Por si esta debilidad interna fuese insuficiente, los puestos de regidor y de síndico son en general dados a miembros de las planillas opuestas al presidente, de tal forma que, por un lado, el ayuntamiento carece de cohesión interna, y por el otro, que los grupos de oposición al presidente más vociferantes quedan cooptados. Y si sumamos a esta debilidad del liderazgo y a la cooptación de grupos políticos potencialmente activos la táctica "utilizada siempre" según un expresidente municipal de escoger oficiales de cada barrio y de las

301

congregaciones principales, resulta que el gobierno local es a la vez una institución poco efectiva y altamente cooptativa: situación ideal para el gobierno estatal.

Sin embargo, estos aspectos de la organización del gobierno local no bastan —aunque son básicos— para explicar el tipo de participación política de la población. Igual de fundamental para entender el fenómeno es el papel que juega el conflicto en la organización del Estado mexicano. Este problema tiene raíces que desbordan por mucho los límites de la pequeña comunidad de Tepoztlán, pero que sin embargo, la afectan igual que a tantos otros pueblos mexicanos.

En un artículo aparte (Lomnitz-Adler, 1980) he analizado con materiales estadísticos las relaciones entre el gobierno federal y los distintos grupos de presión en el periodo 1917-1940. Los resultados de esta investigación arrojan luz sobre aspectos básicos del funcionamiento del moderno Estado mexicano, mismos que contribuyen a formar las actitudes políticas en Tepoztlán hoy día. El Estado mexicano posrevolucionario no es un caso clásico de Estado burgués. Más bien, surgió de una coalición de clases y grupos que en su conjunto se subordinan a un modo de producción capitalista dominante pero que mantienen bases fuertes de negociación dentro del gobierno y frente a la burguesía. Este hecho ha sido ampliamente reconocido por politólogos latinoamericanos que se refieren al Estado mexicano como un Estado "populista" o como un Estado "corporativista". El hecho de que la burguesía no haya tenido la fuerza para triunfar con una ideología puramente burguesa sino que haya requerido de coaliciones con otros grupos, significó para el Estado mexicano una mayor capacidad de negociación frente a esta clase. Así, una de las bases de poder más importantes del Estado mexicano es *su capacidad de provocar y apaciguar conflictos*. La capacidad de apaciguar conflictos es una función típica del Estado capitalista según lo ha descrito Lenin; sin embargo, la capacidad de *crear* conflictos es una característica *sui generis* de los *Estados populistas*.

En efecto, los Estados populistas tienen en su interior un arreglo entre clases sociales antagónicas mediante el cual, teóricamente, quedan "representadas" por el gobierno. Sin embargo, las relaciones antagónicas entre las clases que coexisten bajo el paraguas del populismo significa que en cualquier momento dado el gobierno tiene que favorecer más a una clase que a otra y, al mismo tiempo, procurará mantener la alianza de los grupos desfavorecidos. Simultáneamente, el gobierno tiene la necesidad de recordarle a los grupos económicamente dominantes que dependen de él para su tranquilidad política. La mejor manera de lograr esto es mostrando no sólo capacidad para aplacar conflictos que se le presenten a los grupos dominantes, sino también la capacidad de creárselos.

¿Cómo se relaciona esta dinámica del Estado mexicano con el fenómeno de la desmovilización política en Tepoztlán? Yo sostengo que la mayoría de la gente tiende a evitar involucrarse en la política cotidiana porque siente que en ella no se están decidiendo los asuntos que *se dicen* estar decidiendo. Más bien los tepoztecos reconocen que los conflictos —casi independientemente de su contenido específico— son utilizados por los políticos para sus propios fines.

Estas perlas de la sabiduría popular tepozteca se traducen en una serie de actitudes políticas que son expresadas en formas consonantes con otros aspectos de la cultura local. En efecto, siguiendo el tipo de procedimiento inaugurado por Redfield, podemos reconstruir un modelo sobre tipos de personas políticas que hay implícito en la ideología de los campesinos. Sobresalen tres tipos ideales de actores sociales: los "políticos" los "apolíticos" y los "tontos".

Los "políticos" son personajes cuyo modo de vida y fuente de subsistencia física es la política. Su actividad es inherentemente "sucia" ya que florece sólo cuando está bien regada por abusos cometidos a personas inocentes. Los atributos personales de los "políticos" son la astucia y la habilidad social, la agresividad, la ambición, el conocimiento íntimo de las redes sociales y de poder, y, muchas veces, la facilidad de palabra y el control sobre las técnicas del debate. La tarea del "político" es la de dominar la política para el provecho personal: se trata de "revolver el río" y de ser un buen pescador.

La contrapartida del político es el "tonto", que, sin entender que la política es un medio que los profesionales de esa actividad usan para ganarse la vida, participa en los conflictos políticos creyendo en su valor nominal. El "tonto" no es bueno ni malo, es tonto y explotable; arriesga su pellejo o su prestigio por causas ajenas que desconoce. A veces es un "tonto" peligroso: "no hay nada peor que un pendejo con iniciativa" y a veces un borrego inofensivo, pero siempre es usado como un peón por los políticos, proveyendo a "los pescadores" de ganancias gratuitas.

Idealmente, el tercer ipo de *homo politicus* no participa voluntariamente en "la política" —ni como pescador ni como pescado. El "apolítico" se gana el pan con el sudor de su propia frente. Es gente de respeto, gente humilde. El campesino es el prototipo de esta "limpieza" ya que literalmente come lo que produce —es la imagen misma del *modus vivendi* honrado. El campesino evita inmiscuirse en embrollos fabricados por los "políticos", y no compite con ellos en el terreno de la discusión pública ni en las arenas políticas formales porque éstas son engañosas y ajenas. Más bien, el "apolítico" trata de pasar la vida sin meterse en asuntos ajenos y esperando una no intromisión en los suyos propios —o cuando menos una intromisión no demasiado onerosa. Así, a la suciedad, corrupción y palabrerías del "político" y a la explotabilidad del "tonto" se opone el sereno silencio del campesino labrador.[1]

---

[1] Es interesante especular acerca de la relación que podría guardar este sistema de clasificación de los actores políticos con otros sistemas de clasificación encontrados en Tepoztlán como el de las comidas y de las enfermedades. Ingham (1970) analiza el sistema de clasificación de comidas y enfermedades en las categorías de frío y caliente. Las comidas frías están cerca de la tierra y del agua, mientras que las calientes son secas y están en contacto con el sol. En términos de los atributos psicológicos de *frío* versus *caliente*, lo frío está relacionado con lo explotado en tanto que lo caliente está relacionado con lo ambicioso, lo avaro y lo "macho". El ideal en Tlayacapan es el punto medio entre lo frío y lo caliente, según Ingham esta

Un corolario importante de este sistema ideológico es que, a la larga, el único líder bueno es el exlíder (especialmente los mártires). Esto se deriva del hecho de que, para ser un político bueno, uno no está dispuesto a jugar el juego de los "políticos": cosa que implica hacer que los conflictos nominales se conviertan en problemáticas reales. Por otra parte, la demostración de que este buen líder no es uno de los "tontos" es que está amenazando, y no alimentando, al gobierno. Estas amenazas son contestadas por el gobierno en tres formas posibles: la coerción, la corrupción y la neutralización; al no ceder a la alternativa de la corrupción, el buen líder se convierte en un exlíder.

Otro corolario de la cultura política que estamos describiendo es que la única acción política efectiva es aquella en la que los campesinos imponen las condiciones del diálogo. Como esto no puede ocurrir en la discusión pública y pacífica, ya que este es el terreno dominado por el lenguaje florido de los políticos y los licenciados, tiene que ocurrir en otro foro: aquel que está respaldado por explosiones de violencia que demuestran el potencial político y el poder durmiente de los campesinos.

La combinación de estos dos corolarios —el que los líderes admirados sean los mártires y el que la participación efectiva sea la explosión de la voluntad colectiva— da como resultado el estilo de política que caracteriza a Tepoztlán hoy en día. Los efectos de este

es la relación de respeto. Es bien posible que la clasificación "político-apolítico-tonto", tenga una yuxtaposición interesante con los conceptos de caliente-equilibrio-frío.

tipo de participación benefician a los campesinos en cuanto que los protege de algunas de las rapacidades más gruesas de los políticos o de los intereses económicos más poderosos. Sin embargo, también es cierto que estas actitudes políticas significan que es difícil de organizar para los campesinos tepoztecos una actividad política constante.

EPÍLOGO

Empezando por un análisis sincrónico del sistema regional, hicimos un estudio de la historia de los sistemas de poder en Tepoztlán, incluyendo las disyuntivas que se le han presentado a los tepoztecos en las distintas épocas históricas. En esta historia se puede detectar cómo la comunidad se ha abierto y cerrado a influencias externas según los cambios en la economía política regional, hasta llegar a la problemática moderna donde el poder político del pueblo está concentrado en niveles superiores a Tepoztlán y donde la pregunta política clave gira en torno a si abrir definitivamente la comunidad a la economía política regional o no.

El análisis de la historia del poder no había sido emprendido en los múltiples estudios anteriores sobre Tepoztlán, y esta avenida de preguntas en verdad expone una serie de relaciones sociales que los estudios anteriores ignoran. Así, el culturalismo de Redfield, que no finca a las "tradiciones" en su contexto de poder social; el empirismo de Oscar Lewis, que evita a toda costa el análisis de la totalidad social; y el estructuralismo de Bock, que explica sistemas simbólicos en términos de mapas cognitivos, ignoran la dimensión —a mi modo de ver, crucial— que agrega al análisis de cualquier problema sociológico el estudio de la historia del poder.

Por otra parte, los cambios en el sistema regional han sido un tema poco sistematizado por los muchos autores que tienen preocupaciones regionales en la zona. El uso de material regional es crucial para entender la evolución de los sistemas de poder, y en el transcurso de este estudio he intentado demostrar el uso de una metodología que nos permite estudiar a una comunidad en el contexto regional que resulta indispensable para su análisis.

Con estas herramientas teóricas y metodológicas he intentado en los últimos dos capítulos descifrar algunas de las problemáticas culturales e ideológicas, a mi modo de ver más complejas. Espero en el transcurso de este intento haber convencido al lector de la importancia sociológica que tienen los fenómenos "ideológicos" en la totalidad del sistema social.

BIBLIOGRAFÍA

Adams, Richard N., *Energy and Structure.* Austin: Texas University Press, 1975.

Árias, Patricia y Lucía Bazán, *Demandas y Conflictos.* México: Editorial Nueva Imagen, 1979.

Ávila, Manuel, *Tradition and Growth: a study of four Mexican villages.* Chicago: University of Chicago Press, 1969.

Banco de Comercio, *Morelos.* México: Bancomer, 1975.

Barret, Ward, *The Sugar Hacienda of the Marqueses del Valle.* Minneapolis: University of Minnesota Press, 1970.

Bock, Phillip K., Tepoztlan Reconsidered. *Journal of Latin American Lore,* 1980.

Carrasco, Pedro, The Civil-Religious Hierarchy in Mesoamerican Communities: prehispanic background and colonial development". *American Anthropologist,* 63:483-497, 1961.

The Family Structure of xvith Century Tepoztlan. En *Procetss and Pattern in Culture: essays in honor of Julian H. Steward.* Editado por Robert A. Manners. Chicago: Aldine, 1964.

La Casa y la Hacienda de un Señor Tlahuica. *Estudios de Cultura Náhuatl,* X:225-244, 1972.

"La transformación de la cultura indígena". *Historia Mexicana,* vol. xxv núm. 2, pp. 175-204, 1975.

Estratificación social indígena en Morelos durante el siglo xvi. En *Estratificación social en la Mesoamérica prehispánica.* Editado por Pedro Carrasco y Johanna Broda. México: SEPINAH, 1976.

Caso, Alfonso, *Los Calendarios Prehispánicos*. México: UNAM, 1967.

CEPES, *Monografías municipales*. Cuernavaca. s. f.

Chevalier, François, *La Formation des Grandes Domaines du Mexique: terre et societe aux XVIe et XVIIee siecles*. Paris: Travaux et Memoirs de L'institut d'ethnologie, LVI, 1952.

Collier, George A., *Fields of the Tzotzil*. Austin: Texas University Press. Trad. al español. *Planos de Interacción del Mundo Tzotzil*. México: INI, (1975) 1976.

Dávila, Mario Luis, *Patronage and Political Process in a Mexican Village*. PhD. diss. Department of Anthropology, University of California: Berkeley, 1976.

De la Peña, Guillermo, *Herederos de Promesas: agricultura, política y ritual en los Altos de Morelos*. México: Ediciones de la Casa Chata, 1980.

Del Paso y Troncoso, Francisco, *Relaciones Geográficas de México*. México: Editorial Cosmos, (1890) 1979.

Díez, Domingo, *Bosquejo Histórico Geográfico de Morelos*. Cuernavaca: Editorial Tlahuica, 1967.

Ember, Carol, Melvin Ember y Burton Pasternak, On the Development of Unilineal Descent. *Journal of Anthropological Research*, 30:69-94, 1974.

Florescano, Enrique, *Precios del maíz y crisis agrícolas en México*. México: El Colegio de México, 1969.

Friedlander, Judith, *Being Indian in Hueyapan*. Nueva York: St. Martin's Press. Trad. al español. *Ser Indio en Hueyapan*. México: Fondo de Cultura Económica, (1975).

García Martínez, Bernardo, *El marquesado del valle*. México: El Colegio de México, 1969.

Gerhard, Peter, "A Method for Reconstructing Precolumbian Political Boundaries in Central Mexico". *Journal de la Societe des Americanistes*, v. LIX:27-41, 1970.

311

A Guide to the Historical Geography of New Spain. Cambridge: Cambridge University Press, 1972.

"La evolución del pueblo rural mexicano 1519-1973". *Historia mexicana*, v.xxiv núm. 4:566-578, 1975.

Gibson, Charles, *The Aztecs Under Spanish Rule*. Stanford: Stanford University Press, (1964) 1976.

Godoy, Ricardo, "The Background and contextos Redfield's *Tepoztlan*". Mimeografiado, 1975.

Gunder Frank, André, *Mexican Agriculture: 1521-1630*. Cambridge: Cambridge University Press, 1979.

Holt-Buttner, Elizabeth, "Evolución de las localidades en el estado de Morelos según los censos de población (1900-1950)". *Anuario de Geografía*. México: UNAM, 1962.

Hunt, Eva, *The Transformation of the Hummingbird*. Ithaca: Cornell University Press, 1977.

Hunt, Eva y June Nash, Local and Territorial Units. En *Handbook of Middle American Indians*. Editado por R. Wauchope, vol. 6, pp. 253-283. Austin: Texas University Press, 1967.

Hunt, Shane, "The Economics of Haciendas and Plantations in Latin America". Manuscrito. Princeton: Princeton University, 1972.

I.E.P.E.S., "Estudio del desarrollo de Morelos realizado para la compañía electoral". Mimeografiado, 1975.

Ingham, John, "On Mexican Folk Medicine". *American Anthropologist,* 72:76-87, 1970.

—"Time and Space in Ancient Mexico: The symbolic dimensions of clanship *Man*, v. 6, núm. 4, pp. 615-630, 1971.

Lameiras, Brigitte B. de, *Terminología agrohidráulica prehispánica nahua*. México: SEPINAH, 1974.

Lévi-Strauss, Claude, *Le Totemisme Aujourd'hui*. Paris: Presses Universitaires de France. Trad. al inglés. *Totemism,* Bonton: Beacon Press, (1962) 1963.

Lewis, Oscar, "Wealth Differences in a Mexican Village". En *Anthropological Essays*, Oscar Lewis. Nueva York: Random House, (1947) 1970.

"Plow Culture and Hoe Culture: a study in contraste". En *Anthropological Essays*, Oscar Lewis. Nueva York: Random House, (1949) 1970.

Life in a Mexican Village: Tepoztlan Revisited. Urbana: University of Illinois Press, 1951.

Tepoztlan Restudied: a critique of the folk-urban conceptualization of social change. En *Anthropological Essays*, Oscar Lewis. Nueva York: Random House, (1953) 1970.

Medicine and Politics in a Mexican Village. En *Anthropological Essays*, (1955) 1970.

Family Dynamics in a Mexican Village. En *Anthropological Essays*, (1959) 1970.

Tepoztlan: village in Mexico. Nueva York: Holt, Rinehart and Winston, 1960.

Lockhart, James, Views of Corporate Self and History in Some Valley of Mexico Towns, Late seventeenth and eighteenth centuries. Trabajo presentado en conferencia sobre incas y aztecas en la Universidad de Stanford, 1978.

Lomnitz, Larissa y Marisol Perez Lizaur, "The History of a Mexican Urban Family". *Journal of Family History*, 3(4):392-409, 1978.

Lomnitz-Adler, Claudio, "Clase y etnicidad en Morelos: una nueva interpretación". *América indígena*, vol. xxxix, núm. 3:439-475, 1979.

"Compliance and Coalitions in Mexico". Manuscrito. Departamento de Antropología, Universidad de Stanford, 1980.

López de Velazco, Juan, *Descripción universal de las Indias*. Madrid: Atlas, (1894) 1971.

López M., Sinecio, "Hueyapan: un pueblo de la tierra fría".

En *Los campesinos en la tierra de Zapata: adaptacción, cambio y rebelión*, Laura Helguera R., Sinecio López M. y Ramón Martínez. México: SEPINAH, 1974.

Muris, Enrique, Reporte sobre la tenencia de la tierra en Tepoztlán. Archivo de la SRA, 1937.

McMurtry, John, *The Structure of Marx's World View*. Princeton: Princeton University Press, 1978.

Nicholson, H. B., "Religion in Prehispanic Central Mexico". En *Handbook of Middle American Indians*. Robert Wauchope (ed.), vol. 10, pp. 395-446, 1971.

Nutini, Hugo, *San Bernardino Contla*. Pittsburgh: University of Pittsburgh Press, 1968.

Olivera, Mercedes, "The Barrios of San Andrés Cholula". En *Essays on Mexican Kinship*, H. G. Nutini, P. Carrasco y J. M. Taggart (eds.), Pittsburgh: University of Pittsburgh Press, 1976.

Paige, Jeffrey M., "Kinship and Polity in Stateless Societies". *American Journal of Sociology*, 80:301-320.

Phelan, John L., *The Millenial Kingdom of the Franciscans in the New World: a study of the writings of Gerónimo Mendieta*. Berkeley y Los Angeles: University of California Press, 1956.

Redfield, Robert, *Tepoztlan, a Mexican village*. Chicago: University of Chicago Press, (1930) 1964.

Ricard, Robert, *La conquista espiritual de México*. México: Jus, (1933) 1947.

Riley, G. Michael, *Hernando Cortés and the Marquesado in Morelos 1522-1547*. Albuquerque: University of New Mexico Press, 1973.

Ronfeldt, David, *Atencingo*. Stanford: Stanford University Press, 1973.

Skinner, G. William, "Marketing and Social Structure in Rural China". *The Journal of Asian Studies*, vol. 24, núms. 1, 2 y 3, 1964.

314

—"Chines ePeasants and the Closed Community". *Comparative Studies in Society and History*, v. 13, núm. 3, pp. 270-281, 1971.

—"Cities and the Hierarchy of Local Systems". En *The City in Late Imperial China,* (ed.), G. William Skinner Stanford: Stanford University Press, 1977.

Swanson, Guy, "Descent and Polity: the meaning of Paige's findigs". *American Journal of Sociology,* 80:321-328, 1974.

Taylor, William B., *Drinking, Homicide and Rebellion in Colonial Mexican Villages.* Stanford: Stanford University Press, 1979.

Vogt, Evon Z., *The Zinacantecos of Mexico.* Nueva York: Holt, Rinehart and Winston, 1970.

Warman, Arturo, *Y venimos a contradecir: los campesinos de Morelos y el Estado nacional.* México: Ediciones de la Casa Chata, (1976) 1978.

Womack, John, *Zapata and the Mexican Revolution.* Nueva York, Alfred A. Knopf, 1969.

Williams, Raymond, *Marxism and Literature.* Oxford University Press, 1977.

Wolf, Eric, "The Indian in Mexican Society". *Alpha Kapa Deltan,* v.XXX, núm. 1, 1960.

ÍNDICE